# Erzähl noch mehr, lieber Bär!

Einschlafgeschichten zum Vorlesen

von Christine Rettl
mit farbigen Bildern von Hans-Günther Döring

**KERLE**

Freiburg · Wien · Basel

Gedruckt auf umweltfreundlichem,
chlorfrei gebleichtem Papier

Die Schreibweise entspricht den neuen Rechtschreibregeln

Einbandillustration: Hans-Günther Döring
Einbandgestaltung: Eberle und Kaiser

2. Auflage

© KeRLE im Verlag Herder Freiburg, Wien 1999
Druck und Einband: Freiburger Graphische Betriebe 2001
ISBN 3-451-70267-3

# Inhalt

Der Babysitterbär . . . . . . . . . . . . . . . . . . . . . . . . . . . . . 4

Die Bärenprinzessin mit dem Erbsenstein . . . . . . . . . . . . . . 9

Mama Wildschweins Sorgenkind . . . . . . . . . . . . . . . . . 14

Plim, die Klaviermaus . . . . . . . . . . . . . . . . . . . . . . . 19

Der kleine Seelöwe sucht einen Freund . . . . . . . . . . . . . 24

Der wilde Räuberhund . . . . . . . . . . . . . . . . . . . . . . . 30

Panne, der Ziegenbock . . . . . . . . . . . . . . . . . . . . . . . 34

Die Hasenlöffelgeschichte . . . . . . . . . . . . . . . . . . . . . 39

Die Lügefantengeschichte . . . . . . . . . . . . . . . . . . . . . 44

Der Tiger Anatol . . . . . . . . . . . . . . . . . . . . . . . . . . 48

Die Geschichte von den neunundneunzig Pinguinen . . . . . . 53

Der traurige Buntspecht . . . . . . . . . . . . . . . . . . . . . . 57

Das eigensinnige Gnu . . . . . . . . . . . . . . . . . . . . . . 62

Wawei und der kleine Geier . . . . . . . . . . . . . . 68

Greta Gans . . . . . . . . . . . . . . . . . . . . . 72

Flederike und die Super-Fledermaus . . . . . . . 76

Eine Geschichte zum Einschlafen . . . . . . . . . 80

# Der Babysitterbär

Dem Bären ist furchtbar heiß. Seit dem frühen Morgen ist er unterwegs und hat noch keinen Honig gefunden. Unter der alten Eiche ist der einzige Schattenplatz weit und breit. Erschöpft legt sich der Bär ins kühle Gras, um ein Nickerchen zu machen. Da lugen vier Eichhörnchenkinder aus der Baumkrone.

„Hallo, Bär!", ruft eines. „Ich heiße Schlau, und wie heißt du?"

„Ruhe!", murrt der Bär.

„Ruhe? Komischer Name!" Die Eichhörnchenkinder kichern. Brummend wälzt sich der Bär hin und her. „Spielst du mit uns?", fragt Klimm, ein anderes Eichhörnchenkind und macht Klimm- züge auf einem Ast. „Jetzt sag uns schon, wie du heißt!"

Der Bär ist ausgesprochen freundlich, außer man stört ihn beim Schlafen. „Schnauze!", ruft er nach oben.

„Schnauze klingt noch komischer", meint Klimm. Die Eichhörn- chenkinder schütteln sich vor Lachen.

„Wie heißt du wirklich? Ruhe? Schnauze? Oder wie sonst?"

In diesem Augenblick fällt eine alte Eichel vom Baum und trifft den Bären auf die Nase. „Autsch!", schreit er und fährt erschreckt hoch.

„Autsch Bär! Echt komisch! Passt genau zu dir!", spottet Kralle, ein drittes Eichhörnchenkind. Die Eichhörnchenkinder halten sich die Bäuche vor Lachen.

„Freches Gesindel", schimpft der Bär, und bevor er merkt, wie ihm geschieht, springt das kleinste Eichhörnchenkind durch die Luft und landet auf seinem Rücken. „Hallo Bär! Ich bin Klette", piepst es und klammert sich im Bärenfell fest.

„Geh sofort runter!", befiehlt der Bär, aber Klette gefällt es auf dem Bärenrücken. „Ich will auf dir reiten!", ruft sie. „Hopp, hopp! Im Bärengalopp!"

„Ihr seid eine echte Landplage", grollt der Bär. „Ich muss mir einen anderen Schlafplatz suchen!"

„Bleib hier!", bitten Schlau und Klimm. „Du bist echt witzig!", sagt Kralle.

Weit oben, aus einer Höhle im Baumstamm, erscheint ein Eich-hörnchenkopf. „Pst! Da kommt Mama", wispern die Kinder.

„Tag Eichhörnchen", grüßt der Bär.

„Sind das etwa deine Kinder?"

„Alle vier", sagt Mama Eichhörnchen stolz und läuft nach unten.

„Seid nett zu dem Bären," sagt sie zu den Kindern. „Er ist ein alter Bekannter von mir." Und zum Bären: „Hallo Bär, auch mal wieder im Lande. Ich muss mich für meine Kleinen entschuldi-gen! Sie sind heute sehr übermütig! Doch das gibt sich, wenn man ihnen zeigt, wer der Stärkere ist. Dafür bist du genau der Richtige", sagt sie freundlich.

„So, meinst du?", zweifelt der Bär und erhebt sich langsam. Klette rutscht mit fröhlichem Quieken den Bärenrücken hinunter.

„Lieber Bär, du kommst mir wie gerufen", sagt Mama Eichhörnchen. „Ich muss meine Tante besuchen und brauche dringend einen Babysitter, auf den ich mich verlassen kann", fügt sie hinzu.

„Zu dumm, gerade heute muss ich…", beginnt der Bär mit einer Ausrede. „Leider kann ich meinen Besuch keinesfalls verschieben", unterbricht sie ihn. „Meine Kinder sind zwar sehr lebhaft, aber wenn du richtig mit ihnen umgehst, essen sie dir aus der Tatze!", versichert sie.

„Wie reizend", bemerkt der Bär. „Und wie geht man richtig mit ihnen um?", erkundigt er sich.

„Am besten, du erzählst ihnen Geschichten", sagt Mama Eichhörnchen leise. „Wenn man Geschichten erzählt, bleiben sie still sitzen und hören zu. Sie sind noch klein und machen oft waghalsige Übungen auf den höchsten Ästen. Es wäre schlimm, wenn sie dabei herunterfallen würden", warnt sie eindringlich.

„Ich werde aufpassen." Der Bär seufzt.

„Übrigens – ich weiß einen hohlen Baum, in dem stecken Bienenwaben voll mit Waldhonig", sagt Mama Eichhörnchen mit honigsüßer Stimme.

„Wo?", fragt der Bär und leckt sich sein Maul. „Zeig ich dir, sobald ich wiederkomme", sagt Mama Eichhörnchen. „Wenn du mir meine lieben Kleinen gesund übergeben kannst! Wiedersehen, Kinder! Seid lieb und macht, was der Bär euch sagt!"

„Ja, Mama!", rufen Schlau, Klimm und Kralle. Nur Klette hält sich an ihr fest. „Ich will nicht, dass dieser dumme Bär auf uns aufpasst", keckert sie.

„So etwas will ich nicht hören", sagt Mama Eichhörnchen streng und verschwindet im Dickicht.

Klimm und Kralle laufen schnell den Eichenstamm hoch. „Kommt sofort herunter!", befiehlt der Bär. Die drei Eichhörnchenkinder spielen Fangen hoch oben in der Baumkrone.

„Wenn ihr herunterkommt, erzähle ich euch eine Geschichte!", verspricht der Bär und setzt sich in den Schatten. Schlau, Klimm und Kralle kommen getrippelt. „Was für eine Geschichte?", erkundigt sich Schlau und setzt sich zum Bären ins Gras.

„Eine richtig spannende?", fragt Kralle.

„Eine richtig schlaue?", fragt Schlau.

„Und richtig lustig?", fragt Klimm. „Eine, die ein gutes Ende hat?", fragt Klette. „Ein gutes Ende ist sehr wichtig!"

„Na, klar", antwortet der Bär. „Sagt mir, wovon sie handeln soll, und ich lege los!" Wenn das nur gut geht, sorgt er sich.

„Warst du auch einmal klein?", möchte Schlau wissen.

Der Bär nickt. „Und hast du Geschwister gehabt – so wie ich?"

„Zwei", antwortet der Bär.

„Hat euch eure Mama auch Geschichten erzählt?", fragt Schlau weiter. „Jeden Abend", brummt der Bär vergnügt.

„Dann erzähl uns gleich ein paar davon", bittet Schlau.

Mal sehen, was ich mir gemerkt habe, denkt der Bär.

„Als ich noch ein ganz kleiner Bär war", erinnert er sich.

# Die Bärenprinzessin mit dem Erbsenstein

Als ich noch ein ganz kleiner Bär war, spielte ich mit meinen Brüdern „Wer ist der Stärkere?". Dann balgten wir uns wild und rauften – bis Mama Bär „genug" rief. Wir spielten auch „Wer ist der Schnellere?" und „Wer kann besser klettern?"

Mama Bär war immer in unserer Nähe und beschützte uns. Sie zeigte uns auch, wo die süßesten Beeren wuchsen und wie man im Bach Forellen fängt.

Sobald es dunkel wurde und man nur das Zirpen der Grillen und den Ruf der Eule hören konnte, lagen wir in der gemütlichen Wohnhöhle und kuschelten uns dicht an Mama Bär. Dann kam das Allerschönste. Sie erzählte uns die bärigsten Geschichten vor dem Einschlafen. Meine Lieblingsgeschichte war die Bärenprinzessin mit dem Erbsenstein. Und die begann so:

Es war einmal ein Bärenprinz, der wollte eine Bärenprinzessin heiraten, aber es sollte eine wirkliche Bärenprinzessin sein. Er wanderte durch die Wälder, über Berge und Täler, und lernte viele Bärenmädchen kennen, aber keine war eine wirkliche Bärenprinzessin. Die eine hatte ihre Krallen nicht genug gepflegt, die andere brummte ihm nicht schön genug. Manche wussten sich nicht zu benehmen. Und wenn er glaubte, er hätte die richtige gefunden, entdeckte er, dass sie Plattfüße hatte oder sonst irgendeinen Fehler, und zog enttäuscht weiter. Irgendwann gab er die Suche auf und saß traurig in seiner

Schlosshöhle. Das hörte Kira, ein besonders kluges und schönes Bärenmädchen. Der Bärenprinz gefiel ihr und sie hätte ihn gerne geheiratet. Weil sie aber keine wirkliche Prinzessin war, heckte sie einen Plan aus, wie sie sich ihn mit List angeln könnte. Sie fand einen Stein, der so rund und klein war wie eine Erbse. Den steckte sie ein, ging hin und klopfte an seine Tür. „Guten Tag! Ich bin eine wirkliche Bärenprinzessin!", sagte sie und musterte ihn von oben bis unten. „Ich bin auf der Suche nach einem wirklichen Bärenprinzen. Seit Tagen wandere ich schon durch die Wälder, über Berge und Täler. Viele Bärenmänner habe ich kennen gelernt, aber keiner war ein wirklicher Bärenprinz. Die einen waren nicht stark, die anderen nicht schön genug. Die wenigsten konnten ordentlich brummen. An den meisten störten mich die schlechten Manieren. Manchmal glaubte ich fast, ich hätte den richtigen gefunden, doch dann entdeckte ich, dass er O-Beine hatte oder sein Fell nicht ordentlich gebürstet war", klagte sie. „Es ist ein Jammer heutzutage!"

„Aber ich bin ein wirklicher Bärenprinz!", sagte der wirkliche Bärenprinz stolz. „Ein glücklicher Zufall hat dich zu mir geführt, denn ich bin auf der Suche nach der einzig richtigen Bärenprinzessin. Nun steht unserer Hochzeit nichts mehr im Wege", sagte er erfreut.

„Augenblick", erwiderte die wirkliche Bärenprinzessin. „Ich muss auf Nummer sicher gehen. Erst will ich eine Nacht in deiner Schlosshöhle verbringen und den Erbsensteintest machen. Dann wird sich ja herausstellen, ob du die Wahrheit gesagt hast."

„Erbsensteintest? Was ist denn das?", fragte der wirkliche Bärenprinz, doch Kira antwortete nicht. Sie ging heimlich in seine Schlafhöhle und legte den Erbsenstein unter seine Blätter-

matratze. Am nächsten Morgen fragte sie ihn: „Wie hast du denn geschlafen?" – „Herrlich, wie immer", antwortete er.

Da zeigte sie ihm den Erbsenstein unter der Blättermatratze und sagte: „Wärest du ein wirklicher Bärenprinz, dann hättest du kein Auge zugetan. Nur ein ganz gewöhnlicher Bär kann auf so einem harten Ding gut schlafen. Außerdem schnarchst du", fügte sie hinzu und ließ ihn allein.

Der wirkliche Bärenprinz war verzweifelt. Endlich hatte er die richtige Frau gefunden, schön und anmutig, klug und vornehm. Ihr Brummen klang wie Musik in seinen Ohren. Und sie wollte ihm nicht glauben! Bloß, weil er den Erbsensteintest nicht bestanden hatte! Aber so leicht durfte er nicht aufgeben. Er lief ihr nach und zeigte ihr seinen Reisepass. Darin stand es schwarz auf weiß – mit Bärenwappen und Farbbild –, dass er ein wirklicher waschechter Bärenprinz war. Er bat und bettelte so lange, bis Kira gnädig sagte: „Na, schön. Ich nehme dich – obwohl du schnarchst!" Noch am selben Tag wurde Bärenhochzeit gefeiert – mit allem, was dazugehört. Und so wurde aus dem Bärenmädchen Kira doch noch eine wirkliche Bärenprinzessin.

Der Erbsenstein kam ins Bärenmuseum, und wenn ihn niemand weggenommen hat, liegt er dort noch heute.

„Das war eine urkomische Geschichte", sagt Schlau. „Und der Bärenprinz ist nie dahintergekommen, dass Kira ihn reingelegt hat?"

„Niemals", sagt der Bär.

„Die Wettkampfspiele mit deinen Brüdern – hast du die gewonnen?", fragt Klimm. „Na, klar", schwindelt der Bär.

„Ganz ehrlich?", forscht Schlau nach. Der Bär kratzt sich am Kopf.

„Na, ja. Der Stärkere war ich nicht gerade", gibt er zu. „Der Schnellste auch nicht. Und beim Klettern war ich ziemlich ungeschickt", sagt er traurig.

„Aber du kannst ganz toll Geschichten erzählen!", findet Klette.

„Ja, ganz toll", bestätigen Klimm und Kralle.

„Sicher warst du ein ganz besonderes Kind", meint Schlau.

Der Bär denkt nach. „Das ist so eine Sache mit den besonderen Kindern", meint er. „Das sind die, die ihren Müttern mitunter die größten Sorgen bereiten – genau wie Lara, das Wildschweinmädchen." Und ohne es zu merken ist der Bär schon am Anfang seiner nächsten Geschichte.

# Mama Wildschweins Sorgenkind

Lara war Mama Wildschweins Sorgenkind. Sie manschte nicht mit dem Essen, beim Trinken benützte sie einen Strohhalm. Nicht einmal im Schlamm wollte sie sich suhlen. An warmen Herbsttagen badete sie im klaren Bach oder sie schwamm ein paar Runden im Ententeich. Wenn ihre Schwestern nach Wurzeln und Trüffeln scharrten, zupfte sie manierlich süße Beeren vom Strauch. Machten sich die anderen schmatzend über das Fallobst her, versuchte Lara die Früchte auf den Bäumen zu erreichen. „Was machst du denn da?!", entsetzte sich Mama Wildschwein. „Wir Wildschweine essen, was auf der Erde ist und darunter!"

„Ich nicht. Ich esse, was oben wächst", antwortete Lara. Sie wollte eben höher hinaus, viel höher. Nachdem sie eine Bärin gesehen hatte, die aufrecht ging, übte sie das Gehen auf den Hinterbeinen. „Was soll denn das werden?", fragten ihre Schwestern. „Ich gehe wie die vornehmen Leute", antwortete Lara.

„Lara ist plemplem", sagten die Schwestern. Und Mama Wildschwein klagte: „Aus dir wird niemals ein normales Wildschwein werden."

„Das will ich auch stark hoffen", gab Lara zur Antwort.

Im Winter, als sich die Wildschweinkinder frierend aneinander-kuschelten, schlitterte sie fröhlich den Hügel hinunter. Und auf

dem zugefrorenen Ententeich drehte sie anmutige Pirouetten. Mama Wildschwein verkroch sich vor Scham in ihrer Höhle und jammerte: „Mit diesem Kind wird es noch einmal ein böses Ende nehmen!"

Die Wildschweinmädchen verloren ihre Frischlingsstreifen und wurden heiratsfähig. Als der Schnee geschmolzen war und am Waldrand die Veilchen blühten, nahmen sie die erstbesten Keiler, die ihre Wege kreuzten. Lara war das hübscheste und anmutigste Wildschweinmädchen im ganzen Land und hatte die meisten Verehrer. Doch keiner gefiel ihr. „Zu gewöhnlich! Zu fett! Zu dumm!", quiekte sie. Die Wildschweinmänner konnten bitten und schmeicheln, so viel sie wollten, es half nichts. Lara ließ sie einfach stehen.

„Wenn du so weitermachst, wirst du nie einen Mann kriegen", warnte Mama Wildschwein.

15

„Ich mache, was mir passt!", rief Lara. Sie schmückte sich mit Kirschblüten und übte Tanzschritte unter dem Kirschbaum – bis ein fremder Keiler auftauchte. Lara sah es schon von weitem. Der war anders! Alles an ihm wirkte vornehm: sein aufrechter Gang, seine edle Gestalt, seine prächtigen weißen Eckzähne. Aber das war noch nicht alles. Im rechten Vorderhuf hielt er einen schwarzen Spazierstock. Auf dem Kopf trug er einen Zylinderhut. Und dann roch er auch noch nach Fliederparfüm! Neben ihm lief ein kleiner Hund. Der suchte ihm die Trüffeln. Das war der Gipfel an Vornehmheit! Der Fremde spazierte geradewegs auf sie zu. Lara wurde sehr aufgeregt, ließ sich aber nichts anmerken. Der Keiler blieb vor ihr stehen und zog seinen Hut. „Einen wunderschönen guten Tag", grüßte er. „Gestatten, dass ich mich vorstelle! Mein Name ist Theobald! Sie sehen übrigens bezaubernd aus – wie der junge Frühlingsmorgen!"
Lara war verwirrt. Noch nie hatte jemand so zu ihr gesprochen. Außerdem – alle Wildschweine, die sie kannte, duzten einander.
„Ich heiße Lara und übe gerade ein paar Tanzschritte", quiekte sie, als sie sich wieder gefangen hatte.
„Sie sind äußerst begabt", sagte Theobald ernsthaft. „Ein Talent, wie Sie es sind, suche ich seit langem – für meinen Zirkus. Kommen Sie mit mir! Ich mache Sie zu einem weltberühmten Star!"
Das ließ sich Lara nicht zweimal sagen. Sie packte alles in ihre Tasche, was sie brauchte, und einiges, was sie nicht brauchte.
„Geh nicht!", beschwor sie Mama Wildschwein. „Du rennst in dein Unglück!" Doch Lara klappte seelenruhig ihre Tasche zu, sagte: „Mach dir keine Sorgen, Mama! Ich komme schon zurecht! Tschüss! Lebe wohl!", und ging mit Theobald zum Zirkus.

16

Schon bald konnte sie mit einem Einrad über das Seil hoch oben in der Zirkuskuppel fahren und dabei mit Porzellantellern jonglieren. Bald war sie der absolute Superstar.

Der Zirkus kam in die größten Städte der Welt. Als er nach langer Zeit in Laras Heimat gastierte, besuchte Lara die Wildschweine im Wald. Das war vielleicht ein Hallo! Alle wollten von ihr ein Autogramm haben. Die Wildschweinmänner verehrten sie noch mehr als früher. Die kleinen Wildschweinmädchen wollten alle so werden wie sie. „Ich hab es schon immer gewusst, dass aus meiner Lara einmal etwas ganz Besonderes wird!", brüstete sich Mama Wildschwein.

„Und was war mit Theobald?", will Klette wissen.

„Er war der Zirkusdirektor", erzählt der Bär. „Lara und er verliebten sich und irgendwann heirateten sie auch. Bald darauf bekamen sie fünf niedliche Frischlinge. Sie wurden dann später weltberühmt mit ihrer einzigartigen Wildschwein-Trapeznummer!"

„Ich will auch ein berühmter Zirkusstar werden", sagt Klimm. „Ich kann schon ganz prima klettern!"

Der Bär schüttelt den Kopf. „Ein Eichhörnchen, das prima klettern kann, ist nichts Besonderes. Vielleicht solltest du Klavier spielen lernen. Ein Eichhörnchen, das Klavier spielen kann, wird bestimmt weltberühmt."

„Was ist ein Klavier?", fragen die Eichhörnchenkinder.

„Ein Klavier ist ein Kasten aus Holz, der auf drei Beinen steht", erklärt der Bär. „Es hat einen Deckel zum Aufklappen und viele weiße und schwarze Tasten. Damit kann man die wundervollsten Melodien spielen. Das heißt, wenn man es richtig gelernt hat", fügt er hinzu. „Hast du es denn richtig gelernt?", fragt Schlau.

„Leider nein", antwortet der Bär. „Aber es gab einmal eine Maus, die bei einem berühmten Pianisten wohnte…"

# Plim, die Klaviermaus

Eines Abends nistete sich die Maus im Haus des alten Pianisten ein. Sie mochte den Geruch seiner Filzpantoffeln und seiner antiken Möbel. Ihr behagten die flauschigen Teppichwiesen. In der Wäschelade im Schlafzimmer polsterte sie sich ein gemütliches Bett zurecht. Zum Knabbern gab es für sie auch genug, denn der alte Herr ließ von seinen Mahlzeiten stets etwas auf dem Teller: eine Scheibe Wurst, ein Stückchen Käse, eine Nuss oder ein paar Zwiebackkrümel. Die Maus liebte seine Mußestunden und – sein Klavierspiel. Jeden Nachmittag zur selben Zeit setzte er sich an seinen Flügel und spielte. Die Maus lag auf ihrem Lieblingsplatz und lauschte. Gespannt beobachtete sie, wie seine Finger auf den weißen und schwarzen Tasten flink hin und her liefen. Der Pianist war so sehr in seine Musik vertieft, dass er die Maus nicht bemerkte. Unbekümmert kletterte sie auf den Flügel, während er spielte und lugte hinter den Notenblättern hervor. Neugierig spähte sie in den Resonanzkasten und staunte über die vielen Saiten. Das Leben bei dem alten Pianisten gefiel ihr.
Nur mittwochs wurde die Ruhe empfindlich gestört, wenn die Reinemachefrau kam und mit Getöse und Eimerklappern sauber machte. Die Maus fühlte es gleich – mit der war nicht gut Käse essen.
„Irgendwo steckt hier eine Maus", sagte sie grimmig zu dem alten Herrn. „Eine Maus – hier bei mir? Unmöglich!", erwiderte er.

Eines Nachmittags ging der Pianist aus und ließ den Flügel offen stehen. Auf diese Gelegenheit hatte die Maus schon lange gewartet. Vergnügt hopste sie auf die erste Taste. Plim!, klang es hell und hoch. Die Maus spazierte auf den Tasten auf und ab und hatte großen Spaß dabei. Sie übte und probierte und in ihrem Eifer hörte sie den alten Pianisten nicht nach Hause kommen.

„Wer ist da?", fragte er. Die Maus wollte sich auf leisen Sohlen davonmachen. Aber beim nächsten Schritte machte es wieder Plim!

„Sieh mal einer an, hier lebt ja doch eine Maus", sagte der Pianist mit freundlicher Stimme. „Was mache ich nur mit dir?"

Er kratzte sich am Kinn und überlegte. „Von mir aus kannst du bleiben. Ich werde dich Plim nennen, wenn es dir recht ist."

20

Und ob es der Maus recht war! Sie wollte dem alten Mann so vieles sagen – dass er ihr vertraut war wie ein guter Freund, dass sie sich mausewohl bei ihm fühlte und dass sie sein Klavierspiel liebte. Plim hatte eine Idee – sie sagte es ihm mit Musik! Sie lief über die Tasten – wie die Finger des Pianisten – und es gelang ihr so etwas wie der Mäusewalzer in C-Dur. Plim spielte tatsächlich Klavier, und das gar nicht so schlecht für den Anfang.

„Na so was! Eine musikalische Maus!", staunte der Pianist.

Von nun an begann für Plim eine wundervolle Zeit. Der Pianist gab ihr Klavierunterricht. Bald lernte sie sogar richtige Sonaten zu spielen. Aber was für den Pianisten Fingerübungen waren, bedeutete für die Maus Körpereinsatz bis zur völligen Erschöpfung. Beim Fortissimo sprang sie wild hin und her. Beim Pianissimo hüpfte sie in mäßigem Tempo. Beim Adagio glitt sie sanft und gefühlvoll über die Tasten.

Am schönsten war es für Plim, wenn sie mit dem Pianisten zusammen spielen durfte – vierhändig oder, besser gesagt, sechspfötig.

Eines Tages am Reinemachtag – der Pianist spielte auf dem Flügel, Plim setzte gekonnt ein – ertönte ein schriller Schrei! Die Reinemachefrau stand im Zimmer und ließ die Hemden fallen, die sie soeben gebügelt hatte. „Das ist Plim, meine Klaviermaus", sagte der alte Pianist. „Sie ist die einzige Maus der Welt, die Chopin spielen kann und wird wie ein Star behandelt! Und dass Sie ja niemandem davon erzählen!", drohte er. „Ich will meine Ruhe haben!"

Die Reinemachefrau konnte nicht fassen, was sie da sah, aber weil sie ihre Stelle bei dem alten Herrn nicht verlieren wollte, tat sie alles, was er verlangte. Plim bekam die feinsten Leckerbissen und schlief im seidenen Bettchen – wie eine Mäusediva.

Mit den Jahren konnte der alte Mann sein Bett nicht mehr verlassen und Plim spielte ihm auf dem Klavier vor. Aber auch sie war nicht mehr die Jüngste. Beim Pianissimo strengte sie sich mächtig an. Beim Fortissimo machte sie regelmäßig schlapp. Zuletzt schlich sie sogar beim Adagio kraftlos über die Tasten. Dann legte sie sich zu ihm aufs Kopfkissen und sie träumten beide von alten Zeiten. Ja, sie waren schon ein seltsames Paar – der alte Pianist und Plim, die Klaviermaus.

„Und Plim wurde nicht berühmt?", fragte Klimm. Der Bär schüttelte den Kopf. „Die Reinemachefrau hat Wort gehalten und so hat kein Mensch auf der ganzen Welt je von ihr erfahren."

„War Plim denn niemals traurig darüber?", wunderte sich Schlau.

„Nein. Sie war die glücklichste Maus, die man sich denken kann", erzählt der Bär. „Weil sie in dem alten Pianisten einen echten Freund gefunden hatte."

„Ein Freund ist furchtbar wichtig", bestätigt Klette.

„Ohne Freund macht gar nichts wirklich Spaß."

Der Bär nickte. „Das hat Klipp, der kleine Seelöwe, auch gesagt und ist losgeschwommen – auf der Suche nach einem Freund."

„Klingt verdächtig nach einer neuen Geschichte!", rufen die Eichhörnchenkinder. „Los! Erzähl sie uns!", drängen sie.

# Der kleine Seelöwe sucht einen Freund

Klipp, der kleine Seelöwe, saß auf der Klippe und weinte.

„He, du! Warum sitzt du da und weinst?", fragte die Lachmöwe und setzte sich neben ihn. „Die Sonne scheint. Das Meer ist ruhig. Warum schwimmst und tauchst du nicht und fängst dir einen Fisch?"

„Ich weine, weil ich keinen Freund habe", antwortete der kleine Seelöwe. „Ohne Freund macht gar nichts wirklich Spaß."

Die Lachmöwe stand auf einem Bein und dachte angestrengt nach.

„Die anderen kleinen Seelöwen haben doch auch Spaß", wandte sie ein und sah dem kleinen Seelöwen ins linke Auge.

„Die anderen kleinen Seelöwen verstehen mich nicht. Ich brauche einen Freund, der mich versteht", erklärte der kleine Seelöwe.

„Aha", sagte die Lachmöwe. Sie flog zu den Wellen, fing eine Sardelle und brachte sie dem kleinen Seelöwen. „Ich hab was für dich! Rat mal, was es ist!", scherzte sie.

„Ich habe keinen Hunger", sagte Klipp betrübt. Die Lachmöwe verschlang die Sardelle und fragte: „Schade, gerade heute ist das Meer voller Fische! Wie lange willst du denn noch hier sitzen und jammern?" – „Weiß ich nicht", sagte der kleine Seelöwe.

„Hör endlich auf und tu etwas!", redete ihm die Lachmöwe zu.

„Was denn?", fragte der kleine Seelöwe und seufzte.

Die Lachmöwe überlegte, dann sagte sie: „Ich weiß auch nicht, wie du am besten einen Freund findest. Vielleicht solltest du dir einen suchen", schlug sie vor.

Der kleine Seelöwe nickte. „Am besten, ich fange gleich damit an", sagte er, sprang ins Meer und schwamm los.

Die Lachmöwe zog über ihm ihre Kreise und lachte. Klipp schwamm gemächlich und hielt Ausschau. Die Lachmöwe vertrieb ihm die Zeit mit Geschichten.

Da sahen sie vor einer kleinen Insel einen Elefanten im Wasser. „Seit wann schwimmen Elefanten im Meer?", wunderte sich der kleine Seelöwe. „Das finde ich lustig. Willst du mein Freund sein?"

„Seit wann stellen kleine Seelöwen dumme Fragen?", gab der Elefant zur Antwort: „Ich arbeite beim Fernsehen und mache Werbung für Limonade. Und jetzt stör mich nicht länger. Ich habe zu tun!"

Der kleine Seelöwe war enttäuscht. „Ein Freund kommt oft ganz unverhofft", rief die Lachmöwe und lachte. „Ob ich dort unten einen finde?", fragte sich der kleine Seelöwe und tauchte zum Meeresgrund. Er entdeckte ein großes Wrack, in dem ein See-ungeheuer wohnte. Der kleine Seelöwe erschrak fürchterlich über den hässlichen Kopf mit dem Furcht erregenden Gebiss.

„Keine Angst, Kleiner! Ich bin nicht echt", beruhigte es ihn. „Aber sag es nicht weiter! Die Menschen glauben so gerne an mich!"

Enttäuscht tauchte der kleine Seelöwe auf. Ein Seeungeheuer, ob echt oder unecht, wollte er nicht gerade zum Freund haben.

„Wieder nichts", sagte er. – „Abwarten!", rief die Lachmöwe.

Am Horizont tauchte ein Boot auf, in dem ein schiffbrüchiger Hund saß. „Unser Schiff ist untergegangen mit Mann und Maus. Ich bin der einzige Überlebende", schilderte er. „Wisst ihr, wo hier die nächste Insel ist?"

„Wir bringen dich hin", sagte der kleine Seelöwe eifrig. Er kletterte ins Boot und half dem Hund paddeln. Die Lachmöwe saß am Bootsrand und gab die Richtung an. Klipp dachte, der Hund würde sein Freund werden – schon aus Dankbarkeit. Doch kaum legten sie an der Insel an, sprang der Hund an Land, lief schnurstracks zur nächsten Palme, hob sein Bein und verschwand.

„Diesmal war ich mir sicher…", sagte der kleine Seelöwe. Er konnte nicht weitersprechen, so enttäuscht war er.

„Vergiss ihn", sagte die Lachmöwe. „Komm, wir wollen ein Stück nebeneinander herschwimmen. „Ist das nicht ein wundervoller Tag heute?", schwärmte sie. „Solche Tage muss man genießen, finde ich. Man weiß nie, wann der nächste Sturm kommt!"

„Nein, nie", sagte der kleine Seelöwe. „Weißt du, was ich finde? Ich finde dich richtig nett!"

Die Lachmöwe putzte verlegen ihre Schwungfedern. „Höchste Zeit heimzukehren!" Sie stieß sich vom Wasser ab und flog voran. Der kleine Seelöwe paddelte nach.

Vor seiner Klippe schwammen die anderen Seelöwenkinder.

„Wo warst du so lange?", fragten sie. „Wir haben uns Sorgen um dich gemacht!" Das freute Klipp. „Och, sehr weit fort! Ich war beim Seeungeheuer und bei einer kleinen fernen Insel!", erzählte er.

„War das nicht sehr gefährlich?", fragten die Seelöwenkinder.

„Schon, aber auch sehr schön, wenn man einen echten Freund hat – wie ich", sagte er stolz.

Über ihm kreiste die Lachmöwe und lachte und lachte.

„Vor dem Seeungeheuer hätte ich mich auch gefürchtet", gibt Klette zu. „Ziemlich sogar!"

„Das war doch nicht echt und außerdem ganz freundlich", versichert der Bär. „Trotzdem", sagt Klette.

„Erzähl uns eine Gruselgeschichte! Eine, bei der es uns so schön gruselt! Bitte!", betteln die Eichhörnchenkinder.

„Kommt nicht in Frage! Dann fürchtet ihr euch und könnt alle nicht einschlafen", entgegnet der Bär.

„Wollen wir sowieso nicht! Wir sind überhaupt nicht müde!", rufen die Eichhörnchenkinder und rücken enger zusammen.

„Ich schon", sagt der Bär und gähnt. Und dann beginnt er mit seiner Gruselgeschichte.

# Der wilde Räuberhund

Roderich, Rasmus und Rudi waren Brüder, drei Hundemischlinge aus einem Wurf. Roderich war der größte und stark wie ein Bulle. Rasmus war schlank und mittelgroß. Und Rudi war ein Winzling, aber lieb und schlau.

Eines Tages kam ein Bote. „Euer Onkel Zerberus ist gestorben und hat euch seine Burg vermacht", sagte er.

Die drei Brüder liefen zum Hügel am Stadtrand und stimmten ein Klagelied an. Als sie genug geklagt hatten, sagte Roderich: „So eine geräumige Hundehütte hab ich mir schon immer gewünscht. Packt eure Sachen! Nichts wie hin!"

Hinter dem Räuberwald, auf einem Berg, stand die halb verfallene Burg. Von drinnen war ein durchdringendes Jaulen zu hören. Am Turm wehte eine Fahne mit einem Totenkopf. „Sieht nicht gerade einladend aus", bemerkten Rasmus und Rudi.

„Was habt ihr denn erwartet?", sagte Roderich. „Ein Luxushotel? Geht ins Dorf! Ich schaue mir die Burg an. Wenn ich bis zum Frühstück nicht bei euch bin, kommt einer von euch nach! Klar?" – „Klar", versprach Rasmus.

Kaum war Roderich über die Zugbrücke gegangen, wurde sie wie von Geisterhand hochgezogen. Schnüffelnd schlich er durch den Burghof. Seine Spürnase führte ihn über die Holztreppe zum Turmeingang. In der Burg war es dunkel. Vorsichtig ging er ein paar Steinstufen hoch und stemmte sich gegen die Holztüre.

Knarrend gab sie nach. Roderich betrat einen Raum, in dem eine Kerze flackerte. In ihrem Schein konnte er einen Hund auf einem Wandgemälde erkennen, der Furcht erregend aussah. Einen Augenblick lang kam es ihm vor, als würde ihn das Untier anstarren. Rasch ging er weiter.

Im nächsten Raum war es so dunkel, dass Roderich die Pfoten nicht vor den Augen sehen konnte. Plötzlich hörte er dicht hinter sich ein Knurren. Zum ersten Mal in seinem Leben bekam er Angst. Er hastete durch einen langen dunklen Gang, bis er in einem großen Saal stand. Dort saß ein riesiger Hund aus Holz.

„Was willst du hier?", fuhr er Roderich an.

„Onkel Zerberus hat mir und meinen Brüdern die Burg vermacht. Wir wollen hier wohnen", antwortete Roderich.

„Onkel Zerberus lebt", sagte der hölzerne Hund und bellte schaurig. „Du kannst ihn besuchen!" Der Boden unter Roderichs Pfoten tat sich auf und er sauste abwärts.

Rasmus und Rudi hatten im Dorf übernachtet. Am nächsten Morgen brieten sie sich Eier mit Speck und warteten auf Roderich. Doch er kam nicht. „Ich muss nachsehen, ob er meine Hilfe braucht!", sagte Rasmus und lief zur Burg. Aber ihm erging es nicht besser als Roderich. Auch er durchwanderte sämtliche Räume, bis er vor dem Holzhund stand, dann sauste er in die Tiefe. Als er am Morgen nicht zum Frühstück kam, machte sich Rudi auf den Weg zur Gespensterburg.

Unterwegs belauschte er das Gespräch zweier Jagdhunde. „Die beiden Großen sind schon in die Falle geraten. Heute kommt der Kleinste dran!", sagte der eine. „Gibt es denn keine Rettung?" – „Nur, wenn er den Geheimgang findet, der in die Burg führt! Er ist unter dem Felsen versteckt – am Fuße des Berges", erklärte der andere. Rudi fand den schmalen Gang, weil er aber selbst so winzig war, konnte er hineinschlüpfen. Der Gang endete in einem Kellergewölbe, aus dem Rudi Bellen und Jaulen vernahm. Vor einem Gittertor blieb er stehen. Dahinter waren viele Hunde gefangen. Auch Roderich und Rasmus und – Onkel Zerberus! Das war ein Schwanzwedeln und Freudengewinsel! „Du bist unsere Rettung", sagte Onkel Zerberus. „Ein wilder Räuberhund hat meine Burg besetzt. Schnapp den Schlüssel vom Haken, dann sind wir frei!"

Rudi brauchte genau drei Sprünge, bis er den Schlüssel zu fassen bekam. Er schloss auf und die Hunde stürmten die Treppe hinauf. Am Tisch saß ein alter Köter ohne Zähne und leckte Haferbrei aus einer Schüssel. Die Meute wollte sich wütend auf ihn stürzen, aber Onkel Zerberus stellte sich dazwischen. „Du kannst unmöglich der wilde Räuberhund sein!", rief er. „Doch", lispelte der alte wilde Räuberhund. „Ich wollte die Burg für mich alleine haben. Da entdeckte ich die Falltüre und den Holzhund, der innen hohl ist."

„Und wer ist das Untier auf dem Gemälde?", fragte Roderich.

„Das ist mein Urururururgroßvater, der vor langer Zeit hier gelebt hat", erzählte der alte wilde Räuberhund. Er schämte sich sehr und winselte um Gnade. Onkel Zerberus bekam Mitleid. „Du kannst im Turmzimmer wohnen und dort deinen Brei essen – bis ans Ende deiner Tage", sagte er gnädig.

Dann feierten sie ein rauschendes Fest und Rudi war der große Held.

Die Eichhörnchenkinder sitzen eine Weile still. Dann sagt Schlau: „Der Räuberhund selbst hat den Boten mit der Falschmeldung losgeschickt, stimmt's?" Der Bär nickt.

„Ich finde, Rudi hatte großes Glück", meint Schlau. „Wenn er das Gespräch der beiden Jagdhunde nicht gehört hätte…"

„Alle hatten Glück, der alte wilde Räuberhund auch", unterbrach Klette. „Weil Onkel Zerberus so gut zu ihm war!"

„Ein bisschen Glück gehört wohl immer dazu", sagt der Bär. „Wer kein Glück hat, dem geht alles schief – so wie Panne, dem Ziegenbock! Doch das ist schon wieder eine neue Geschichte."

# Panne,
# der Ziegenbock

Alle nannten ihn Panne, weil kaum ein Tag verging, ohne dass ihm ein Missgeschick passierte. Panne war wirklich vom Pech verfolgt. Es fing an, als er bei seiner Geburt in eine Marderwohnung fiel, die voller bunter Federn war. Mama Ziege wollte ihr Kind beschnuppern, lieb haben und herzeigen. Aber es war nicht da! Mama Ziege suchte verzweifelt unter Gräsern und Blättern. Endlich fand sie die Grube und hatte Mühe, Panne herauszubekommen. Aber wie sah der Kleine aus! Gar nicht wie ein Ziegenböckchen, eher wie ein Vogel auf vier Beinen, denn er war rundum mit Federn bedeckt. Panne erhob sich mühsam, fiel um, versuchte es noch einmal – so wie alle Ziegenbabys – und blieb auf wackeligen Beinchen stehen.

„Dein Kind sieht aber komisch aus!", meckerten die anderen Ziegen. „Das sehe ich selbst!", ärgerte sich Mama Ziege. Panne machte die ersten unsicheren Schritte. Er wollte zu Mama. Doch da standen zu viele Ziegenbeine! Welche waren ihre? Das Gemecker wurde immer lauter. „Ist das ein Vogelbock?", witzelte eine der Ziegen. Da lief ein Ziegenkind zu Panne und sagte: „Sei nicht traurig! Mir gefällt dein buntes Kleid."

Panne drehte den Kopf und schielte auf seinen Rücken. Dann sah er die anderen Ziegen an. Sie hatten ein weißes, graues, braunes oder geflecktes Fell. Keine war bunt wie er. Und das

Schlimmste: Alle fanden ihn komisch! Panne schämte sich. Er fühlte sich verlassen und rief verzweifelt nach seiner Mama. Das wirkte. Mama Ziege stieß die anderen beiseite und stellte sich schützend vor ihr Kind. „Ihr habt ihn gesehen und jetzt verschwindet wieder!", sagte sie und drohte mit ihren Hörnern. Da trollten sich alle. Mama Ziege begann ihr Kind abzulecken – wie alle Ziegenmamas. Und siehe da, die Federn gingen ab, jede einzelne!

„Alle mal herhören!", rief Mama Ziege, als sie Panne gesäubert hatte. „Ich habe ein ganz normales Ziegenbaby!"

„Schade", sagte das Ziegenkind. „Mir hat es vorher besser gefallen!" – „Ja, schade", meinten jetzt auch die anderen Ziegen. „Vorher war er etwas Besonderes."

Aber etwas Besonderes blieb Panne, wie sich bald herausstellen sollte. Wenn er sprang, landete er mit Sicherheit an der falschen Stelle. Einmal sogar auf dem Rücken eines Stieres. Der schnaubte fürchterlich und drohte, ihn mit den Hörnern aufzuspießen. Panne konnte gerade noch über einen Zaun springen. Unglücklicherweise landete er diesmal auf einem Ameisenhaufen. Die Tierchen waren bitterböse, weil er ihren Bau zerstört hatte, und bissen ihn. Da rannte Panne zum nächsten Teich. Aber auf dem Weg dorthin rammte er einen Bienenstock und der Schwarm verfolgte ihn wütend. Panne sauste so schnell er konnte davon, sprang mit einem Satz in den Teich und blieb im Schlamm stecken. Die Bienen fielen über ihn her. Zum Glück kam ein Bauer und holte ihn heraus. Er nahm ihn mit auf seinen Hof. Panne war es recht, denn zu essen gab es genug und einen Schlafplatz. Doch am nächsten Tag sprang Panne auf das Dach des Entenstalles und brach ein. Der Bauer wurde wütend und wollte ihn schlagen. Doch Panne rettete sich auf ein großes blaues Ding aus Metall.

„Mein teures Auto! Du saublöder Bock!", schrie der Bauer. Außer sich vor Zorn jagte er Panne vom Hof.

Kurz und gut, wenn es irgendwo Ärger gab, dann meistens wegen Panne. „Warum muss das immer mir passieren?", klagte er. „Ich bin zu gar nichts nütze. Alles mache ich kaputt."

Panne war so unglücklich, dass er auf einen hohen Berg

kletterte. Dort wollte er von nun an leben – ganz alleine – für immer und ewig.

„Du gefällst mir", sagte plötzlich eine hübsche braune Ziege.

„Aber ich bin ungeschickt und mache alles kaputt", sagte Panne zaghaft. „Schau dich um! Was willst du hier oben schon kaputtmachen?" Panne sah saftige Wiesen mit köstlichen Kräutern, einen klaren Bach, aus dem er trinken konnte, und andere Ziegen, die friedlich wiederkäuten. Wie im Paradies, dachte er. Und so hatte Panne endlich Glück. Nicht lange danach, wurde er stolzer Ziegenpapa. Als sein Kind zur Welt kam, war er dabei. Mama Ziege wollte es beschnuppern, lieb haben und herzeigen. Aber es war nicht da!

Da erinnerte sich Panne daran, was ihm die Verwandten von seiner Geburt erzählt hatten. Er fand die Grube, in der sein Kind lag und half ihm heraus. Es war rundum bedeckt mit Kaninchenflaumwolle. „Willkommen!", sagte Panne. „Ich bin dein Papa. Was auch geschehen mag – ich bin immer für dich da!"


„Schön", schwärmt Klette. „Wir haben zwar keinen Papa mehr, doch dafür haben wir dich!" Der Bär setzt Klette vorsichtig ins Gras und streckt sich. „Ja, ja", sagt er liebevoll. „Aber jetzt muss ich mir eine Pause gönnen!"

„Wir klettern solange!", rufen Klimm und Kralle. Sie laufen den Stamm hinauf und springen von Ast zu Ast.

„Ende der Pause!", ruft der Bär rasch. „Kommt her, dann erzähle ich weiter!" – „Fang an! Wir haben gute Ohren!", erwidern Klimm und Kralle.

„Wie der kleine Hase! Der hat sogar behauptet, er würde viel

besser hören als seine Freunde. Und
dann kam die Schlange…", beginnt der Bär
und spricht so leise, dass Klimm und Kralle kein
Wort mehr hören können. Eins, zwei sind sie wieder da.
„Na also", sagt der Bär erleichtert und
erzählt von Anfang an die neue Geschichte.

# Die Hasenlöffel-geschichte

„Was spielen wir jetzt?", fragten der kleine Luchs und der kleine Hase. „Etwas, das wir alle gut können. Wie wär's mit: Ich hör etwas, was du nicht hörst", meinte der kleine Luchs.

„Das Spiel gewinne ich! Ich höre nämlich am allerbesten!", verkündete die kleine Eule.

„Ich höre besser als du!", rief der Luchs.

„Gegen mich verliert ihr alle beide", behauptete der kleine Hase. „Dass ich die besten Ohren habe, sieht doch jeder. Oder glaubt ihr, es ist Zufall, dass ich so große Löffel habe?!"

„Das allein sagt noch gar nichts", erklärte die kleine Eule. Sie setzte sich auf einen Ast, schloss die Augen und lauschte angestrengt. „Ich werde euch beweisen, dass ich am besten hören kann! Tief unter den Wurzeln der großen Eiche sitzt eine Maus und kämmt sich das Fell! Geht hin und fragt sie, wenn ihr mir nicht glaubt!"

Die beiden Freunde liefen zur alten Eiche. „Hallo, Maus! Komm heraus!", riefen sie ins Mäuseloch.

„Was gibt's?", fragte die Maus.

„Entschuldige bitte", sagte der kleine Luchs höflich. „Die kleine Eule behauptet, sie hätte gehört, wie sich da unten eine Maus ihr Fell gekämmt hat."

„Ich hab geschlafen", sagte die Maus. „Aber ich will meine Familie fragen!" Sie verschwand in der Wohnung. Dann kam sie wieder und rief: „Stimmt! Tantchen hat sich das Fell gekämmt!"

„Du bist echt Spitze", sagte der kleine Luchs. „Aber ich werde euch beweisen, dass ich noch bessere Ohren habe! Ich höre den Sturmwind schon einen Tag bevor er über unseren Wald fegt", sagte der kleine Luchs. „Ich weiß genau, wie stark er blasen wird. Wartet!"

Er sprang auf den Ast eines Baumes, reckte die Nase in die Luft und lauschte angestrengt.

„Ich höre ihn ganz deutlich! Morgen früh wird er durch die Wipfel der Bäume brausen!"

Die kleine Eule setzte sich neben den kleinen Luchs. Sie schloss ihre Augen und lauschte ebenfalls. „Ich höre ihn nicht. Hörst du etwas, kleiner Hase?", rief sie hinunter.

Aber der kleine Hase hörte nur, was jeder andere auch hören kann. „Alles Quatsch!", sagte er.

Die drei Freunde aßen ihr Abendbrot, dann legten sie sich schlafen. Am Morgen wurden sie unsanft geweckt. Der Sturmwind brauste und sauste und warf Kiefernzapfen durch die Luft. Einer traf den kleinen Hasen genau am rechten Löffel. „Autsch!"

„Na, was hab ich gesagt!", rief der kleine Luchs.

„Du hast gewonnen", gab die kleine Eule zu. „Jetzt ist der kleine Hase dran!" – „Stimmt", sagte der kleine Luchs.

Der kleine Hase wusste, wenn er gewinnen wollte, musste er sich etwas Besonderes einfallen lassen. Aber was? Er guckte auf einen Grashalm und hatte eine Idee. „Ich höre die Bohnen wachsen", behauptete er. „Ich kann es euch beweisen. Kommt mit!" Er hoppelte in einen Gemüsegarten. Vor den Bohnenstangen blieb er stehen, schloss die Augen und schwieg eine Weile. „Hört ihr es auch?", fragte er seine Freunde. „Sie recken und strecken und ranken sich. Sie rascheln und schlingen sich und klammern sich fest. Sie biegen und wiegen sich und entfalten ihre jungen Blätter." Die kleine Eule schloss auch die Augen, aber wie sehr sie auch lauschte, sie konnte die Bohnen nicht wachsen hören. Der kleine Luchs legte sogar sein Ohr auf die Erde.

„Ich höre bloß einen Käfer rascheln", sagte er enttäuscht.

Der kleine Hase zeigte mit der Pfote auf eine Stange. „Morgen werdet ihr sehen, um wie viel sie größer geworden sind", sagte er. Der kleine Hase wusste, wie schnell Bohnenranken wachsen. „Ein ganzes Stück!", staunten der kleine Luchs und die kleine Eule am nächsten Tag. „Du hast gewonnen, kleiner Hase!"

Der kleine Hase war stolz, aber in seinem Inneren schämte er sich, weil er nicht ehrlich gewesen war.

Wenige Tage später, als die drei Freunde auf der Wiese saßen, kroch eine Schlange auf den kleinen Hasen zu. „Pass auf!", warnte die kleine Eule. Der kleine Luchs fauchte die Schlange an. Sie kroch vorbei und verschwand. „Wie kommt es, dass du sie nicht bemerkt hast?", fragte die kleine Eule. „Obwohl du die Bohnen wachsen hörst", sagte der kleine Luchs. „Ich höre die Bohnen ja gar nicht wachsen", gab der kleine Hase reumütig zu.

„Wenn das so ist", sagte die kleine Eule, „dann muss ich auch zugeben, dass ich zwar ausgezeichnet hören kann, aber nicht das, was sich unter der Erde tut."

„Aber die Mäusetante", wandte der kleine Luchs ein.

„Auf gut Glück geraten!", sagte die kleine Eule verlegen.

„Dann will ich auch ehrlich sein", sagte der kleine Luchs.

„Dass meine Vorhersage gestimmt hat, war purer Zufall!"

„Ich habe nicht einmal die Schlange in der Nähe gehört", sagte der kleine Hase betrübt. Doch dann hob er den Kopf und lauschte aufmerksam. „Vorsicht! Ich höre den Jäger kommen!", warnte er. Die drei Freunde versteckten sich im Dickicht des Waldes, bis die Gefahr vorüber war.

„Ein Bravo für deine Hasenlöffel!", lobten die kleine Eule und der kleine Luchs. „Wir drei sind echt stark. Was zwei nicht hören, hört eben der dritte", sagte der kleine Hase froh.

„Die drei haben ja mächtig geflunkert", bemerkt Kralle.

„Und wie ist das mit euch? Flunkert ihr nicht?", fragt der Bär.

„Nie! Nicht die Bohne", beteuert Schlau.

„Wetten doch? Jeder, der nie sagt, flunkert schon. Außerdem – ab und zu ein bisschen flunkern ist erlaubt", meint der Bär. „Manche sind wahre Meister im Flunkern. Der Lügefant konnte Lügengeschichten erzählen, dass einem der Mund offen blieb vor Staunen."

„Weißt du eine?", fragt Klette.

„Vielleicht", sagt der Bär und beginnt zu erzählen.

# Die Lügefantengeschichte

In Afrika lebte ein Elefant, der konnte die tollsten Abenteuergeschichten erzählen, die man sich denken kann. Von weit her kamen die Tiere, um ihm zuzuhören. Weil sie ihm aber nicht so recht glauben konnten, nannten sie ihn Lügefant.

Vor langer Zeit – so begannen fast alle Lügefantengeschichten – wanderte ich durch die Steppe, immer meinem Rüssel nach, bis ich ins Land der Hügel kam. Dort wuchsen die Blumen so hoch wie Sträucher und die seltsamsten Tiere lebten da: rosarote Nacktkatzen zum Beispiel, vierbeinige Vögel und Krokodile auf Storchenbeinen. Ich kam aus dem Staunen nicht mehr heraus.

Nachdem ich das Land der Hügel durchwandert hatte, kam ich ins Land der Schluchten. Dort gab es Bäume, die bis zum Himmel wuchsen. Und als ich sie näher betrachtete, sah ich, dass es Steppengras war. Ameisen und Käfer waren dort mindestens so groß wie bei uns die Mäuse.

Plötzlich hörte ich ein Stampfen auf dem Boden – wie von Büffelhufen. „Versteck dich!", warnte mich eine Riesenkrähe. Ich stellte mich hinter einen großen runden Stein. Da kam auch schon ein riesiges Tier daher. Es hatte runde Ohren, eine spitze Schnauze und war dicht behaart. Einen Bauch hatte es – so groß wie eine Bambushütte. Und wenn es seinen Schwanz ringelte, konnte man meinen, es wäre eine Schlange. Das Tier sah wahrhaft zum Fürchten aus. Bei jedem seiner Schritte bebte die Erde.

Doch dieses Riesentier war – eine Maus! Da wurde mir klar, wie gewaltig wir Elefanten hierzulande für Mäuse aussehen müssen. Wenn sie mich bloß nicht bemerkt, dachte ich. Aber der große Stein war nichts anderes als ein Riesenschneckenhaus. Als die Schnecke davonkroch, stand ich gut sichtbar am Wegrand. Die Riesenmaus entdeckte mich sofort und betrachtete mich von allen Seiten. Wie gesagt, ich war jetzt ein winziger Elefant und diesem Monster hilflos ausgeliefert. In meiner Angst stellte ich mich tot.

„Was für ein süßer Spielzeugelefant!" Die Riesenmaus trug mich in ihr Zuhause. Wer weiß, was sie mit mir anstellen wird, dachte ich. Die Riesenmaus setzte mich in ein Gehege. Dort hatte alles die richtige Größe für mich: Das Elefantenhaus, das Badebecken, die Bäume. Im Nachbargehege standen Zebras, Giraffen und Antilopen und starrten mich an. Da merkte ich, dass alles im Zoo nur aus Holz war.

Als mir die Riesenmaus einen saftigen Bambusspross vor den Rüssel hielt, vergaß ich alle Vorsicht und aß ihn auf.

„Mama! Ich hab einen echten kleinen Elefanten gefunden!", rief die Riesenmaus begeistert. Jetzt erst merkte ich, dass sie ein Riesenmäusekind war. Denn nun kam die Mutter und die war

dreimal so groß. „Nichts wie weg!", dachte ich, warf den Holzzaun des Spielzeugzoos um und wollte durch den Türspalt entwischen.

„Hier geblieben!", rief das Mäusekind, packte mich unsanft und trug mich zurück. Dann stülpte die Riesenmaus einen Käfig über mich. Ich war gefangen!

Andere Riesenmäuse kamen und gafften mich an. Doch bald fanden sie mich langweilig und kümmerten sich nicht mehr um mich. Ich versuchte, den Käfig hochzuheben, aber er war viel zu schwer. Gerade, als ich anfing, Trübsal zu blasen, kam die Riesenkrähe durchs Fenster. Sie packte den Käfig mit ihrem kräftigen Schnabel und hob ihn in die Höhe wie einen Strohhalm. Doch in diesem Augenblick kam das Riesenmäusekind zurück. Blitzschnell stieg ich in einen Korb und die Riesenkrähe packte ihn am Haltegriff.

„Bring mich zu meiner Herde", bat ich. Die Riesenkrähe krächzte dreimal. Als sie die Steppe erreicht hatte, war es dunkel. Ich war schläfrig geworden und konnte nur mit Mühe die Augen offen halten. „Findest du hin?", wollte ich fragen, aber ich konnte vor Müdigkeit nicht sprechen. Und dann muss ich eingeschlafen sein. Jedenfalls wachte ich am nächsten Morgen frisch und munter mitten in meiner Herde auf. Genauso war es. Das hab ich alles selbst erlebt.


„Vielleicht hat der Lügefant die ganze Geschichte nur geträumt", vermutet Schlau.

„Das meinten die Tiere, die ihm zugehört hatten, auch alle", erzählt der Bär. „Aber als er beteuerte, er hätte am nächsten Morgen eine Riesenkrähenfeder gefunden, glaubten ihm die Tiere jedes Wort."

„Dann gibt es Riesenmäuse und Riesenkrähen wirklich?", fragt Klimm. „Vielleicht, vielleicht auch nicht", sagt der Bär.

„Was ist ein Zoo? Ein Gefängnis für Tiere?", will Schlau wissen.

„Nicht ganz", meint der Bär. „In richtig guten Zoos werden die Tiere bestens versorgt und haben keine Feinde. Das einzige Problem ist – sie langweilen sich – wie der Tiger Anatol."

„Erzähl uns von Anatol!", bitten die Eichhörnchenkinder.

„Bin schon dabei", sagt der Bär.

# Der Tiger Anatol

Der Tiger Anatol lebte in einem modernen Zoo mit Kletterfelsen, einem kleinen Wasserfall und schattigen Schlupfwinkeln. Er hatte auch einen Badeteich und einen Unterstand, in dem er es sich bei Regenwetter bequem machen konnte. Täglich, zur selben Zeit, kam der nette Wärter mit der Fleischmahlzeit. Wenn Anatol hinkte, weil er sich einen Dorn eingetreten hatte, holte der nette Wärter den freundlichen Tierarzt. Und im Nu war er den lästigen Dorn los. Hin und wieder sah der liebenswürdige Zoodirektor nach dem Rechten. Anatol konnte springen, faulenzen und Leute beobachten. Trotzdem litt er unter Langeweile. Hin und wieder führte er darüber ein Gespräch mit Willi Puma im Nachbargehege.

„Immer dasselbe", klagte er. „Hier drin ist einfach nichts los! Ich war zwar noch sehr jung, als sie mich in den Zoo brachten, aber so viel weiß ich noch: Draußen in der Wildnis sprangen die Hirsche einem vor der Nase herum und bei der Wasserstelle traf man Wildschweine und Krokodile. Alles war spannend und gefährlich. Und erst das Jagen!"

„Jagen! Wenn ich das schon höre!", sagte Willi Puma und streckte sich. „Tagelang in den Bäumen rumhängen und warten, kilometerweit rennen mit hungrigem Magen! Sei doch froh, dass du dein Essen mundgerecht serviert bekommst! Nein, mein Lieber. Was dir fehlt, ist bloß eine Frau."

„Verschon mich damit", ächzte der Tiger. „Nein, was ich wirklich brauche, ist hin und wieder ein kleiner Ausflug in die Welt da draußen, ein wenig Dschungellärm und Nervenkitzel!" Willi Puma hatte eine Frau und langweilte sich trotzdem. Und am allermeisten langweilten ihn die Klagen Anatols. „Du redest und redest. Mach endlich deinen Ausflug und lass mich zufrieden", sagte er.
Anatol legte sich auf die Lauer. Bei der erstbesten Gelegenheit büchste er aus. „Der Tiger ist los!", kreischten die Leute und rannten davon.

„Er hat es geschafft! Was für ein Kerl", schwärmte Frau Puma.

„Abwarten", sagte Willi Puma. „Der kommt bestimmt nicht weit!"

Anatol flitzte, so schnell er konnte, durch den Zooausgang auf die Straße. „Komischer Dschungel! Hier hat sich alles ziemlich verändert", stellte er fest, als er zwischen den hohen Häusern stand und die Blechtiere auf ihren rollenden Gummibeinen beobachtete.

Anatol war verwirrt. Er suchte etwas, worin er sich verbergen konnte. Wo war das Dickicht? Wo waren die hohen Gräser?

Endlich fand er einen Park. Eine schwarze Katze lief ihm über den Weg und flüchtete auf den nächsten Baum. „He!", rief Anatol zu ihr hinauf. „Sind hier alle Panther so winzig wie du?"

„Panther? Ich bin eine ganz normale Hauskatze", antwortete sie aus sicherer Entfernung. „Und du bist anscheinend aus dem Zoo getürmt! Falls du es noch nicht bemerkt hast – du sorgst gerade für ziemliche Aufregung!"

„Ich? Wieso?" Die schwarze Katze sagte in aller Ruhe: „Sieh doch einmal hinter dich!" Anatol drehte sich vorsichtig um. Ein großer Wagen rollte langsam näher, dann noch einer. In beiden saßen Männer. Er erkannte den netten Wärter, den freundlichen Tierarzt und den liebenswürdigen Zoodirektor.

Anatol war verblüfft. „So ein Aufruhr wegen eines kleinen Spazierganges", sagte er. Ein Mann richtete das Gewehr auf ihn. Ein dumpfes Geräusch, ein Stich, Anatol zuckte zusammen.

Während er schlief, wurde er in ein Netz gepackt und in sein Gehege zurückgebracht.

„Na, was hab ich gesagt! Da ist er wieder", freute sich Willi Puma. „Wie war denn dein Ausflug?", fragte er, als Anatol wieder aufwachte. „Der reinste Alptraum", berichtete Anatol und

erhob sich mühsam. „Die Landschaft da draußen hat sich schrecklich verändert. Kaum ein Grün, die Wildschweine tragen neuerdings Blechpanzer, das Gras ist kurz wie mein Fellhaar und die Raubkatzen sind geschrumpft. Es stinkt gewaltig und der Radau ist unerträglich. Mein Bedarf an Ausflügen ist ein für alle Mal gedeckt."

Von nun an langweilte er Willi Puma nicht mehr mit seinen Klagen. Und eines Tages kam eine freundliche Tigerfrau in seinen Käfig. Das war Abwechslung genug – für längere Zeit.

„Uns ist nie langweilig", sagt Schlau. „Wir spielen und turnen meistens oder wir sammeln Nüsschen und dann zählen wir, wer die meisten gefunden hat. Ich kann schon bis zwanzig zählen", fügt er hinzu. „Zählen können ist sehr wichtig", meint der Bär. „Auf der Pinguininsel lebten viele Pinguine. Wie viele sie waren, wussten sie leider nicht, weil sie nur bis zehn zählen konnten."

„Und dann?", fragt Klette und kuschelt sich an den Bären.

„Ja, was passierte dann?", fragen Klimm, Schlau und Kralle.

„Lasst mich nachdenken", sagt der Bär. Und dann erzählt er die Geschichte von den neunundneunzig Pinguinen.

# Die Geschichte von den neunundneunzig Pinguinen

Die Pinguine lebten auf einer netten kleinen Insel mitten im Eismeer. „Eisfrischer Morgen heute", sagten sie, als die Nacht vorüber war. „Was steht auf unserem Programm?" Schiller, die kleinste und tollpatschigste von allen, antwortete:

„Zuerst Morgensport, dann Frühstück – wie alle Tage!"
Sie liefen ein paar Runden und bewegten dabei ihre Flügel, als wollten sie fliegen. Schiller stolperte wie immer über seine Füße und fiel auf den Schnabel.

Dann entschied sich die Mehrheit für Eisbergklettern. Nach einer kleinen Pause mit Fisch-Imbiss vergnügten sie sich beim Eisschlittern und zuletzt beim Eisbrockenschießen. Dazu bildeten die Pinguine zwei Mannschaften. Jede musste möglichst viele Treffer landen. Ziel war ein kleiner Eisberg. Schiedsrichter war Schiller, weil er außer klein und tollpatschig auch der klügste von allen war. Da er aber, wie die anderen, nur bis zehn zählen konnte, war am Ende nie ganz klar, welche Mannschaft gesiegt hatte. Deshalb kam es am Ende meistens zu einer Rauferei. Das gehörte dazu und war für alle ein Riesenspaß.

Obwohl dabei tüchtig die Federn flogen, gab es selten Verletzte. Schiller stand auf einem Eispodest, feuerte alle an und passte auf, dass es keine Schnabelhiebe gab.

Eines Tages, als sie mitten im lustigsten Raufen waren, tauchte ein riesiger See-Elefant mit Familie am Ufer auf. „Ihr seid aber ganz schön viele!", staunte er. „Gehört ihr alle zusammen?"

„Blöde Frage! Das siehst du doch", ärgerten sich die Pinguine.

„Darf ich vorstellen? Ich, meine drei Frauen und meine vier Kinder", sagte er höflich.

„So ein großer Kerl und hat so eine winzige Familie", spotteten die Pinguine. „Na, und?", brummte der See-Elefant und tauchte verärgert unter.

„Ich wüsste zu gerne, wie viele wir sind", sagte Schiller.

„Wir auch! Zu dumm, daß wir nur bis zehn zählen können", bedauerten die anderen.

„Das haben wir gleich!", rief der Albatros. „Stellt euch auf!", befahl er und flog langsam über die Köpfe – vom ersten bis zum letzten, und weil er sicher gehen wollte, wieder vom letzten bis zum ersten. Die Pinguine standen in einer langen Reihe und warteten geduldig. „Genau hundert – über den Schnabel gepeilt", sagte der Albatros.

„Hundert ist eine stolze Zahl! Das ist ein Grund zum Feiern", fanden die Pinguine und gaben ein Inselfest mit Eiswein und Frischfisch und lustigen Spielen. Alle Tiere auf der Insel und rund um die Insel waren herzlich eingeladen.

„Wir sind genau hundert – wen das nicht wundert!", dichtete Schiller, denn dichten konnte er am besten.

„Uns gehört die ganze Insel, weil wir hundert sind!", krakeelte einer der Pinguine. Er hatte zu viel Eiswein getrunken.

„Euch gehört gar nichts! Außerdem seid ihr bloß neunundneunzig! Der Albatros hat sich verzählt", sagte der See-Elefant.

Da wurden die Pinguine bitterböse. „Lügner! Verlogener Blödbarsch!", schimpften sie.

„Zählt nach, wenn ihr mir nicht glaubt", sagte der See-Elefant. Das hätten die Pinguine gerne getan, sie wussten bloß nicht, wie. Als die Abendsonne Eis, Meer und Himmel rot färbte, rückten sie alle schweigend zusammen. Plötzlich rief Schiller: „Ich hab's! Jeder von uns sagt, ob er da ist!"

„Ich bin da", meldete sich der Erste. „Ich auch", der Nächste. Das ging so weiter, bis sich der Letzte gemeldet hatte.

„Ob wir hundert sind oder neunundneunzig, ist doch piepegal. Alle sind da. Nur das zählt", murmelten die Pinguine. Sie kuschelten sich Seite an Seite, Bauch an Rücken, hatten es warm und waren zufrieden.

„Die Pinguine waren ganz schön dumm! Wenn einer fehlt, kann er sich doch nicht melden, oder?", sagt Schlau.

„Natürlich nicht. Aber dass sich alle gern haben, ist doch das Wichtigste", meint der Bär.

„Wir haben uns auch sehr lieb und halten fest zusammen", sagt Klette.

„Manchmal schenken wir uns sogar etwas."

„Ja. Einfach so", bestätigten Klimm und Kralle.

„Ihr habt es gut", sagte der Bär. „Ich bekomme nichts, nicht das klitzekleinste Geschenk an meinem Geburtstag. Dem kleinen Buntspecht ging es nicht anders und er wurde darüber sehr, sehr traurig."

„Meinst du den, der auf unserer Eiche wohnt?", fragt Schlau.

„Kann schon sein", sagt der Bär und erzählt gleich die nächste Geschichte.

# Der traurige Buntspecht

Der kleine Buntspecht leistete so etwas wie Erste-Baum-Hilfe. Von morgens bis abends klopfte er die Rinde nach Maden ab, angelte eine nach der anderen aus ihrem Schlupfwinkel und verspeiste sie. Ohne den kleinen Buntspecht wären die Bäume bestimmt zugrunde gegangen. Das wussten die Tiere, die auf den Bäumen lebten. Wenn ein Baum Hilfe brauchte, kam der kleine Buntspecht geflogen und begann mit seiner Arbeit.

Eines Tages sah er, wie sich die Haselmaus mit einer besonders großen Nuss abmühte. „Gratuliere", sagte der kleine Buntspecht, der Nüsse auch gern mochte. „Das wird ja ein richtiges Festessen!" Die Haselmaus drehte die Nuss in ihren Pfoten: „Nicht für mich! Ich schenke sie dem Hamster zu seinem Geburtstag!"

„Die gibst du her?", wunderte sich der kleine Buntspecht. „So ein Prachtexemplar findet man nur alle zehn Jahre!"

„Wenn man jemanden wirklich mag, dann will man ihm auch etwas Besonderes schenken. Verstehst du?", sagte die Haselmaus und lief zum Hamsterbau. Der kleine Buntspecht dachte nach. Dabei wurde ihm klar, dass auch er bald Geburtstag hatte und dass ihm niemand gratulieren würde, von einem Geschenk gar nicht zu reden! Darüber wurde der kleine Buntspecht sehr traurig. Jeder, der sein eifriges Klopfen gewohnt war, merkte

sofort, dass etwas nicht stimmte. „Was ist denn mit dir los?", fragte Elli Elster. „Du klopfst, als hättest du dir den Schnabel verstaucht!"

„Meinem Schnabel fehlt gar nichts", sagte der kleine Buntspecht traurig. „In einer Woche habe ich Geburtstag. Niemand wird mir gratulieren kommen. Und Geschenke kriege ich erst recht nicht!" Die Bäume hörten es und rauschten und wisperten miteinander.

„Warte", sagte Elli Elster. „Ich glaube, ich hab etwas für dich! Dieses Ding hab ich heute Morgen gefunden. Ich kann nichts damit anfangen. Wenn du willst, kannst du es haben!"

Der kleine Buntspecht sah das Geschenk an und überlegte, ob er es annehmen sollte. Es war rund und glänzte und sah recht hübsch aus. Nach einer Weile sagte er: „Nein, danke! Wenn man jemanden wirklich mag, dann will man ihm auch etwas Besonderes schenken, aber nicht etwas, das man loswerden möchte."

Elli Elster dachte nach. „Warum schenkst du dir nicht selbst etwas?", fragte sie. „Jedenfalls weißt du dann, daß du das Richtige bekommst!"

Der kleine Buntspecht fischte nachdenklich eine Made aus der Rinde. „Das hat was für sich", sagte er und flog zum Haselnussstrauch. Er holte sich die allergrößte Nuss, die er finden konnte. „Ich weiß nicht so recht", meinte er. „Irgendwie ist es nicht dasselbe! Ich glaube, das kommt daher, weil ich vorher schon genau weiß, was ich bekommen werde. Verstehst du?"

Der kleine Buntspecht steckte die Haselnuss in eine Spalte und klopfte sie auf. „Sie schmeckt zwar gut, aber wenn mich jemand damit überrascht hätte, würde sie mir noch viel besser schmecken!", erklärte er.

„Ich glaube, ich verstehe dich", sagte Elli Elster.

„Wie lange dauert es noch bis zu deinem Geburtstag?", wollte sie wissen. „Noch dreimal schlafen", sagte der kleine Buntspecht.

„Mal sehen, was ich tun kann!", rief Elli Elster und flog davon.

Nachdem der kleine Buntspecht dreimal geschlafen hatte, war es endlich soweit. Die Bäume rauschten und wisperten geheimnisvoll. Plötzlich wurde es still. Dann kam Elli Elster.

Auf ihr Zeichen begannen hunderte von Vögeln in den Zweigen ein Geburtstagslied zu trällern. „Weil wir wissen, was wir an dir haben, hat dir jeder von uns ein Geschenk mitgebracht", sagte Elli Elster feierlich. „Klopf immer so weiter, kleiner Buntspecht!"

Dann brachten die Kernbeißer Kerne, die Tauben Mais, die Eichhörnchen Walnüsse und die Wildschweine Trüffeln. Elli

Elster kam mit einer goldenen Kette. Sogar die Bäume überraschten den kleinen Buntspecht. Die Tanne warf ihre schönsten Zapfen ab, der Kastanienbaum die größten Kastanien, die Eiche die prächtigsten Eicheln, der Apfelbaum die süßesten Äpfel. Der kleine Buntspecht war überglücklich. Er konnte zwar nicht mit allen Geschenken etwas anfangen, aber er wusste, dass sie von Herzen kamen. Und das ist doch beim Schenken das Allerwichtigste, oder?

„Ich weiß nicht, ob ich mich über Trüffel freuen würde", sagt Schlau. „Was sind Trüffeln überhaupt?"
„Das sind äußerst delikate Pilze, aber sie sind nicht jedermanns Geschmack. Was ist denn eure Lieblingsspeise?", fragt der Bär.
„Walnüsse!", rufen alle Eichhörnchenkinder gleichzeitig.
„Am liebsten würden wir Tag und Nacht Walnüsse knabbern!", sagt Klette. „Und was isst du am liebsten?", fragt sie den Bären.
„Akazienhonig! Als ich noch ein ganz kleiner Bär war, wollte ich keinen anderen Honig mehr essen. Da erzählte mir Mama Bär die Geschichte vom eigensinnigen Gnu!"
„Wir sind ganz Ohr", sagen die Eichhörnchenkinder.

# Das eigensinnige Gnu

„Das Gras schmeckt mir nicht", sagte Klein-Gnu. „Es ist zu trocken!" – „Aber, Kleines", sagte Mama Gnu liebevoll. „Du musst essen, was dir vor die Hufe kommt, sonst wird niemals ein großes, starkes Gnu aus dir!"

Aber Klein-Gnu wollte nicht essen, nicht einen einzigen Halm. Was es wollte, waren schmackhafte saftige Kräuter. Aber die wuchsen an einem bestimmten Platz, um den die Gnuherde einen großen Bogen machte. Denn dort lauerte der hungrige Löwe.

„Wirst du wohl essen?!", befahl Mama Gnu. Aber Klein-Gnu hielt den Kopf hoch erhoben und das Maul fest verschlossen – den ganzen langen Tag. Als die Sonne in der Steppe unterging, legte es sich hungrig schlafen. „Was soll ich nur mit diesem eigensinnigen Kind machen?", klagte Mama Gnu. „Wenn ich nachgebe, wird es der hungrige Löwe fressen, und wenn ich nicht nachgebe, verhungert es."

„Mach dir keine Sorgen", trösteten sie die anderen Gnu-Mütter. „Noch nie ist ein gesundes Gnu-Kind in der Steppe verhungert." Aber am nächsten Tag weigerte sich Klein-Gnu noch immer zu essen. Und am übernächsten auch. „Ich will saftige Gräser!", beharrte es und presste die Zähne zusammen. Mama Gnu wiegte besorgt den Kopf. „Wenn du nicht isst wie die anderen Gnu-Kinder, wird es ein böses Ende mit dir nehmen", meinte sie.

„Sieh dich doch an, wie mager du geworden bist – nichts als Haut und Knochen!"

„Na, und? Wenn ich niemals erfahren werde, wie saftige Kräuter schmecken, soll mich doch lieber gleich der hungrige Löwe fressen", trotzte Klein-Gnu und entfernte sich von der Herde.

Mama Gnu wollte es zurückholen, aber die anderen Gnus stellten sich ihr in den Weg. „Lass es", sagten sie. „Nur durch Erfahrung wird man klug!"

Klein-Gnu trabte durch die Steppe zum Kräuterplatz. Zum ersten Mal war es allein – ohne Mama Gnu und ohne den Schutz seiner Herde. Knapp vor dem Ziel überlegte es, ob es nicht doch lieber umkehren sollte. „Wahrscheinlich lauert der hungrige Löwe schon auf mich", sagte Klein-Gnu zu sich selbst. Aber da strich ihm der Duft der saftigen Kräuter um die Nase. „Ich kehre nicht um, ohne wenigstens ein Maul voll davon gekostet zu haben", sagte es. „Und dann renne ich wie der Blitz zu meiner Herde!" Doch kaum hatte es die ersten Gräser gegessen, konnte es nicht mehr damit aufhören. „Hmm, köstlich!", schwärmte es. Nicht weit von ihm bewegte sich eine Schwanzquaste. „Der hungrige Löwe!", rief Klein-Gnu erschrocken.

„Der sehr hungrige Löwe", verbesserte es der hungrige Löwe und richtete sich zur vollen Größe auf. Klein-Gnu fasste allen Mut zusammen und versuchte es mit einer List. „Ich wusste, dass du hier auf mich lauern wirst", sagte es gelassen. „Und da dachte ich mir – sterben muss ich sowieso, doch vorher will ich wenigstens noch die herrlichen Kräuter kosten!"

„Sehr vernünftig", lobte der hungrige Löwe und leckte sich sein Maul. „Und wie viele Kräuter willst du noch kosten?", fragte er.

„So viele wie möglich und mindestens drei Tage lang", antwortete Klein-Gnu. „Schau mich doch an! Ich hab lange nichts gegessen und bin dürr wie Steppengras. Wenn du mich schon fressen willst, dann warte doch lieber, bis ich zugenommen habe!"

Der hungrige Löwe überlegte. Klein-Gnu sah wirklich mager aus. „Wenn du dich heute richtig satt isst, wirst du über Nacht

schon etwas rundlicher sein", meinte er und sein Magen knurrte.
„Solange will ich noch warten, aber keinen Tag länger!"
Der hungrige Löwe legte sich hin und rollte sich zur Seite. „Iss,
so viel du magst. Ist ja genug da", sagte er.
Klein-Gnu aß mit Genuss, wurde satt und käute wieder. Als

die Sonne feuerrot hinter dem Steppengras leuchtete, sagte es: „Na, dann gute Nacht!", und galoppierte davon. Der hungrige Löwe holte es ein. „Wirst du wohl hier bleiben!", brüllte er. Aber Klein-Gnu ließ sich nicht einschüchtern. „Ich habe versprochen, vor Sonnenuntergang zurück zu sein", log es. „Wenn ich nicht rechtzeitig da bin, kommen sie mich holen!"

„Die ganze große Herde?", erkundigte sich der hungrige Löwe. „Die ganze große Herde", versicherte Klein-Gnu. Der hungrige Löwe kratzte sich hinter dem Ohr. Wenn das kleine Gnu so dumm war, allein herzukommen, ist es auch dumm genug, zurückzukehren, dachte er und ließ Klein-Gnu ziehen.

„Da bin ich wieder", grüßte es, als es nach einem scharfen Galopp bei seiner Herde ankam. „Bist du dem hungrigen Löwen begegnet?", fragten die Gnus aufgeregt. Klein-Gnu kuschelte sich an Mama Gnu und berichtete von seinem Abenteuer. „So lange ich lebe, werde ich nicht vergessen, wie köstlich die saftigen Kräuter schmecken", schloss es seine Erzählung. Die anderen Gnu-Kinder bewunderten es, weil es so mutig und so clever gewesen war. Die erwachsenen Gnus wiegten nachdenklich ihre Köpfe.

„Dass du nur wieder da bist", freute sich Mama Gnu.

Am nächsten Tag wartete der hungrige Löwe vergebens auf Klein-Gnu. Denn von nun an frass es, ohne zu murren, was ihm vor die Hufe kam. Immer wieder musste es erzählen, was es erlebt hatte. Seit damals träumen alle Gnus von saftigen Kräutern, die sie niemals kosten werden – solange sie leben.

„Was ist das Gnu für ein Tier und wie sieht es aus?", fragt Schlau. Der Bär lässt sich mit der Antwort Zeit. „Das Gnu ist ein Tier mit

Hörnern und Hufen und sieht aus wie ein Rind – obwohl es zu den Antilopen gehört", sagt er schließlich. „Ich finde, es sieht nicht gerade sehr schön aus, eher komisch", fügt er hinzu. „Aber lange nicht so komisch wie der kleine Geier und Wawei, das Warzenschwein. Die Geschichte begann damit, dass der kleine Geier aus dem Nest fiel…" Die Eichhörnchenkinder legen sich neben den Bären ins Gras und lauschen.

# Wawei und der kleine Geier

Eines Tages fiel der kleine Geier aus dem Nest und landete unsanft auf dem Boden. „Mama!", schrie er, so laut er konnte, aber Mama Geier kreiste gerade über der weiten Steppe und konnte ihn nicht hören.

„Musst du so laut schreien?", fragte Wawei, das Warzenschwein und grub Knollen und Würmer aus. „Ich bin aus dem Nest gefallen und habe großen Hunger", klagte der kleine Geier. Wawei stopfte ihm schnell eine Ladung Würmer in den Schnabel und dachte: Der Kleine gefällt mir. Der sieht mindestens so komisch aus wie ich. Kurz entschlossen hob er ihn auf und trug ihn nach Hause. Der kleine Geier fand es urgemütlich in der Warzenschweinhöhle. Und zu futtern bekam er weit mehr, als er fressen konnte. „Bist du jetzt meine Mama?", fragte er. Wawei überlegte lange, bevor er antwortete. „So was Ähnliches", sagte er schließlich.

Der kleine Geier gedieh prächtig. Nach zwei, drei Wochen hielt er es nicht mehr aus in der Warzenschweinbude. Wawei ging mit ihm nach draußen. Gemeinsam wühlten und harkten sie nach Futter und waren guter Dinge – bis sie auf eine Schar Erdmännchen stießen.

„Ihr seid ein selten komisches Paar", spotteten sie. „Einer komischer als der andere!"

„Noch nie ein Warzenschwein gesehen?", ärgerte sich Wawei.

„Ist der hier etwa auch ein Warzenschwein?", witzelten die Erdmännchen. „Nein, ihr Blödmännchen", sagte Wawei böse.

Da merkte der kleine Geier zum ersten Mal, dass er anders war.

„He, du!", riefen die Erdmännchen und meinten damit den kleinen Geier. „Du siehst wie ein Vogel aus – wie ein großer hässlicher Vogel!" Da wurde er sehr traurig.

„Verschwindet!", rief Wawei und drohte mit seinen spitzen Hauern. Der kleine Geier betrachtete seine Federn und seine Krallen und sagte: „Ich muss gehen und herausfinden, wer ich bin." Er schnürte sein Bündel und zog los. Und Wawei blieb allein zurück.

Der kleine Geier wanderte durch die Landschaft. „Nanu", sagte das Zebra. „Du hast wohl das Fliegen verlernt!"

„Fliegen? Was ist das?", fragte der kleine Geier.

„Na, fliegen eben – wie die Geier dort oben!", antwortete das Zebra. Der kleine Geier wurde schrecklich aufgeregt. Er breitete die Flügel aus, flatterte und hopste und mühte sich ab, aber er kam nicht hoch. „Nicht von unten hinauf! Versuch es doch von oben hinunter", schlug das Zebra vor. Der kleine Geier erklomm den höchsten Ast, schwang sich mutig in die Lüfte und kam im Sturzflug unten an. Er versuchte es wieder und wieder und konnte sich kaum halten – bis ihm ein Wind zu Hilfe kam.

„Ich kann schweben und die Welt von hoch oben sehen!", rief der kleine Geier begeistert. Er übte fleißig, bis er richtig fliegen konnte.

„Beute! Nichts wie hin!", rief es in der Luft neben ihm. Ein Flügelrauschen und der

kleine Geier wusste: Das waren solche wie er! Ohne zu überlegen, flog er mit, zog mit den anderen Geiern weite Kreise und stürzte sich in die Tiefe zum Geiermahl.

„Hau ab!", rief ein Geier. „Erst ich!", ein zweiter. „Verdufte!", ein dritter. Nach dem fünften Schnabelhieb gab der kleine Geier auf und hüpfte enttäuscht zur Seite. Rüpel, dachte er. Gemeines Räubervolk! Gierige Geierbande!

Er sehnte sich nach Wawei und dem gemütlichen Futtern zu zweit. Der kleine Geier schwang sich empor und flog in die Richtung, in der Wawei zu Hause war.

„Schaut euch an, wie der Geier fliegen kann!", rief das Zebra.

Die Erdmännchen stoben auseinander, als er zur Landung ansetzte. Und da stand Wawei und wusste vor Freude nicht, was

70

er sagen sollte. „Hallo! Da bin ich wieder!", grüßte ihn der kleine Geier. Zufrieden wanderten sie umher und gruben Knollen und Würmer aus – Seite an Seite – wie in alten Zeiten.

„Weißt du jetzt, wer du bist?", fragte Wawei, als sie vergnügt futterten. „Ich bin ein Geier und kann durch die Lüfte gleiten. Ich kann die Welt von ganz hoch oben sehen. Und wer du bist, weiß ich jetzt auch: Du bist der allerbeste Freund, den ich haben kann. Wir passen gut zusammen, du und ich. Und meine Geier-Verwandtschaft kann mir gestohlen bleiben!", sagte der junge Geier fröhlich.


„Wir sind keine Vögel. Trotzdem können wir die Welt von oben sehen – wenn wir auf den höchsten Bäumen sitzen!", erklärt Schlau. „Und außerdem sehen wir kein bisschen komisch aus!"

„Für mich schon", meint der Bär. „Ich finde, ihr schaut wie Kobolde aus – so flink und klein, wie ihr seid – mit eurem buschigen Schwanz!" – „Und du siehst am allerkomischsten aus", ärgern sich die Eichhörnchenkinder. „Mit deinem viel zu kleinen Schwanz und deinem viel zu großen Bauch!" Klimm und Kralle wollen auf den Baum klettern. „Ich bin eben ein Bär und ihr seid Eichhörnchen. Das macht den Unterschied", sagt der Bär rasch. „Wie man aussieht, ist nicht wichtig. Man muss sich nur zu helfen wissen, wenn es darauf ankommt – wie Greta Gans."

„Wie war das mit Greta Gans?", fragt Klette und schmiegt sich an den Bären. „Ich mag deinen runden Kuschelbauch", sagt sie leise. Der Bär räuspert sich verlegen und beginnt eine neue Geschichte.

# Greta Gans

„Du kannst wirklich stolz sein,
dass du mich zum Mann hast",
tönte Golo Gans und paddelte neben Greta Gans am Ufer. „Weil
ich der Stärkste und Tapferste bin – vom ganzen großen Teich.
Und der Schönste obendrein", fügte er hinzu.
„Stolz ist gar kein Ausdruck!", sagte Greta Gans. Sie nahm noch
ein paar Wasserlinsen und watschelte mit ihm an Land.
„Nehmt euch bloß in Acht!", warnte der Häher. „Freddy Fuchs
ist wieder im Land!"
„Wie furchtbar", meinte Greta Gans und schaute sich ängstlich um.
„Sei unbesorgt, meine Liebe", beruhigte sie Golo Gans. „Mit
dem werde ich leicht fertig! Dem verpasse ich ein paar Schnabelhiebe! Und wenn er davon noch nicht genug hat, zwicke ich
ihn ins Hinterteil, dass man sein Jaulen bis nach Afrika hören
kann. Und zuletzt tauche ich ihn solange in den Teich, bis ihm
Flossen wachsen!"
Greta Gans sagte nichts. Sie passte auf. Zwischen zwei Ulmen,
gut getarnt, bemerkte sie etwas auf dem Boden, das ihr verdächtig vorkam. Sie blieb stehen, und noch bevor sie „Achtung,
Falle!", rufen konnte, zappelte Golo Gans schon im Netz. Greta
Gans versteckte sich im Gebüsch und wartete. Da kam auch
schon Freddy Fuchs, zog am Seil und leckte sich das Maul. „Das
ging ja wie geschmiert", sagte er zufrieden.

„Hilfe! Hilfe!", trompetete Golo Gans.

„Halt deinen Schnabel!", befahl Freddy Fuchs. „Liegt der Gänserich am Grill, dann ist er für immer still", dichtete er. Greta Gans saß hinter einem Haselnussstrauch und überlegte, wie sie ihrem Mann helfen könnte. Da fiel ihr ein, dass sich, nicht weit vom Teich entfernt, eine tiefe Baugrube befand. Dorthin wollte sie Freddy Fuchs locken. Sie nahm allen Mut zusammen und kam hinter dem Strauch hervor. Dann lief sie laut schnatternd in Richtung Baugrube.

„Heute ist mein Glückstag!", frohlockte Freddy Fuchs und rannte hinter ihr her. Zum Glück hatte Greta Gans einen ziemlichen Vorsprung. Greta Gans flatterte über die Baugrube, dann lief sie schnurgerade weiter. Freddy Fuchs flitzte ihr nach und sah gierig auf ihren Pürzel. Dabei übersah er die Baugrube und fiel prompt hinein.

„Hilfe! Hilfe!", schrie er, so laut er konnte. „Halt dein Maul", sagte Greta Gans seelenruhig. „Dir hilft sowieso keiner!" Dann lief sie zurück zu den Ulmen und machte das Seil los. Plumps – und Golo Gans war frei!

„Nichts wie weg hier! Wo ist Freddy Fuchs?", fragte er und schaute sich ängstlich um.

„Sei unbesorgt, mein Lieber", beruhigte ihn Greta Gans. „Der sitzt in der Baugrube gefangen und schreit um Hilfe."

„Wie hast du denn das gemacht?", wunderte sich Golo Gans.

„Tja, du kannst wirklich stolz sein, dass du mich zur Frau hast", sagte Greta Gans und watschelte neben Golo Gans ans Ufer. „Weil ich die Schlauste und die Schnellste bin – vom ganzen großen Teich."

„Stolz ist gar kein Ausdruck!", sagte Golo Gans und schwamm mit ihr hinaus. Dann schnäbelten sie verliebt und beschlossen, auch gleich ein Nest miteinander zu bauen. Denn sie wünschten sich die stärksten, tapfersten, schlausten, schnellsten und schönsten Kinder vom ganzen großen Teich.

Und weil sie ein weiches Herz hatten, befreiten sie Freddy Fuchs nach drei Tagen aus der Baugrube, aber erst nachdem er geschworen hatte: „Der Jäger soll mich treffen, wenn ich mich noch einmal in eurer Gegend blicken lasse!"

„Hat Freddy Fuchs Wort gehalten?", will Klimm wissen.

„So viel ich weiß, schon", versichert der Bär.

„Und haben Greta und Golo Gans dann Kinder bekommen, die stark, tapfer, schlau, schnell und schön waren – wie wir?", fragt Klette.

„Na, klar! Alle Eltern haben Superkinder und jedes Kind ist etwas Besonderes! Das weiß doch jeder", sagt der Bär.

„Bestimmt fällt dir dazu schon wieder eine neue Geschichte ein", meint Kralle. „Wo denkt ihr hin?", sagt der Bär und gähnt. „Ich bin doch kein Geschichtenbuch. Und außerdem habe ich längst eine Pause verdient!" Die Eichhörnchenkinder wissen, wie sie den Bären zum Weitererzählen bringen können. „Nichts da!", rufen sie. „Wenn du Pause machst, klettern wir solange auf die hohe Eiche!"

„Eichhörnchenbande", murmelt der Bär. Er holt tief Luft und sagt: „Na schön! Ich erzähle euch die Geschichte von Flederike, dem Fledermauskind, das davon träumte, einmal in ihrem Leben Kurt, die Super-Fledermaus, kennen zu lernen!"

„Das hört sich gut an!", meinen die Eichhörnchenkinder.

# Flederike und die Super-Fledermaus

Jeden Abend schwärmte Flederike mit ihrer Schar hinaus ins Freie. Im Tiefflug zog sie über Teiche mit quakenden Fröschen und schnappte ihnen zum Spaß die Mücken vor den Mäulern weg. Sie segelte unter dem Sternenhimmel, kreiste um Lichter und Lampen und fing Insekten die ganze Nacht lang. Sobald es dämmrig wurde, flog sie mit der Schar zurück in die Höhle. Jeden Morgen, wenn die jungen Fledermäuse kopfunter an ihrem Schlafplatz hingen, erzählte ihnen die Geschichten-Fledermaus vor dem Einschlafen eine Geschichte. Und wenn sie fragte: „Was soll ich euch denn heute erzählen?", verlangten die Kleinen: „Die Geschichte von Kurt, der Super-Fledermaus!" Auch Flederike wollte sie immer wieder hören. Sie stellte sich Kurt verwegen vor in seinem Super-Fledermaustrikot und sah ihn vor sich, wie er dahergedüst kam, um die Fledermäuse zu retten, die in Not waren. Und sie wünschte sich sehnlichst, den mutigen Kurt kennen zu lernen. Das wird ein Fest werden, dachte sie. In einer schwülen Sommernacht flatterte Flederike heimlich von ihrer Schar fort. Bei ihrer Suche nach Kurt kam sie in eine Gegend, in der sie noch nie zuvor gewesen war. Unterwegs begegnete sie einer Schar fremder Fledermäuse. „Wisst ihr, wo ich Kurt, die Super-Fledermaus finden kann?", fragte sie höflich. „Keine Ahnung! Und wenn wir es wüssten, würden wir es dir auch nicht sagen", antworteten die fremden Fledermäuse schnippisch.

Flederike flog eilig weiter und traf auf die verschiedensten Nachttiere. „Hast du die Super-Fledermaus gesehen?", fragte sie eine Weinbergschnecke, die über einen Stein kroch. Aber die hatte ein schlechtes Gehör und verstand Super-Bäderhaus.
„Willst du mich beleidigen? Super-Bäderhaus! So ein Quatsch!", schimpfte sie.
Flederike flog höher und fragte einen Waldkauz.
„Ich kenne eine ganze Menge Fledermäuse", antwortete dieser. „Aber super ist keine von ihnen. Wenn du willst, kann ich dich mit dem Super-Waldkauz bekannt machen!"
Aber das hörte Flederike nicht mehr. Sie flog höher und noch höher und fragte den Mond. Doch der blieb stumm und lächelte geheimnisvoll.
Wer weiß, ob ich Kurt überhaupt je finden werde, dachte Flederike und wurde sehr traurig. Sie hängte sich an einen Tannenzweig, wickelte sich in ihre Flügel und wollte nichts mehr hören und sehen. Irgendwann schlief sie ein.
Im Traum erschien ihr Kurt. Doch er sah kein bisschen wie ein verwegener Held aus. Er wirkte eher lächerlich in seinen wollenen Unterhosen. Trotzdem war sich Flederike ganz sicher, dass er die Super-Fledermaus war.
„Flederike, nur dir vertraue ich mein Geheimnis an", sagte Kurt mit trauriger Stimme. „Ich bin gar kein Held, sondern eine stinknormale Fledermaus und keine Spur mutiger als ihr alle!"
Flederike war enttäuscht. „Und deine Heldentaten?", fragte sie.

„Was ist mit deinen Kämpfen gegen die bösen Taggeister? Und mit deinem Sieg über das giftstachelige Wespen-Heer?"

„Die Taggeister habt ihr selbst erfunden und mein Sieg über die Wespen war purer Zufall", gestand Kurt. „Unglücklicherweise hatte ich mich einmal beim Nachhauseflug arg verspätet. Die Sonne ging schon auf. Die Wespen wurden munter, ich kam einem ihrer Nester zu nahe. Der Schwarm fuhr heraus und wollte mich stechen. In meiner Angst floh ich zu einem Wasserfall. Lieber in der tosenden Gischt umkommen als von Giftstacheln erstochen zu werden, dachte ich und flog knapp hinter den Wasserfall. Das Wespenheer wollte sich wütend auf mich stürzen, wurde vom herabstürzenden Wasser mitgerissen – und ertrank!"

„Den Trick muss ich mir merken", sagte Flederike. „War das deine einzige Heldentat?", fragte sie. „Nun ja, einmal hab ich ein Fledermauskind zu seiner Mutter in die Höhle getragen, weil es zu schwach zum Fliegen war", sagte Kurt bescheiden.

„Du bist ja doch ein Held", meinte Flederike. „Aber wieso hat dich niemand je gesehen?"

„Ich hab mich hier versteckt, weil ich mich schämte", sagte Kurt und zupfte verlegen an seinen wollenen Unterhosen.

„Dazu hast du keinen Grund", sagte Flederike fröhlich. „Zieh dein Super-Fledermaustrikot an und komm mit zu meiner Schar!"

„Das will ich gerne tun", sagte Kurt. „Aber ein Super-Fledermaustrikot besitze ich nicht. Meinst du, ich kann trotzdem…?"

„Klar! Echte Helden brauchen kein Trikot!", rief Flederike fröhlich und wachte auf. Neben ihr hing Kurt in seinen wollenen Unterhosen und sagte froh: „Dann lass uns losfliegen, bevor es Morgen wird!"

78

Während der Bär die Geschichte zu Ende erzählt hat, ist die Sonne untergegangen. Die Eichhörnchenkinder liegen still da.

„Nanu? Seid ihr alle eingeschlafen?", freut sich der Bär.

„Dann kann ich endlich, endlich ausruhen!"

„Das hast du dir so gedacht", murmeln Klimm und Kralle.

„Wir wollen eine neue Geschichte hören!"

„Oh, ja. Noch so eine schöne", sagt Schlau und gähnt.

„Erzähl uns mehr, lieber Bär", bittet Klette.

„Mir bleibt wohl nichts erspart", brummt der Bär und er erzählt mit leiser Stimme eine Geschichte zum Einschlafen.

# Eine Geschichte zum Einschlafen

Knacks! Knacks!, machten die Eierschalen. „Na, endlich! Es ist so weit", freute sich die Krokodilmama und wartete gespannt.

„Mami, liebe Mami!", quäkte das erste Krokodilbaby und kroch aus dem Ei. Knacks! Knacks! Knacks!, machte es gleich darauf. „Mami! Mami, liebe Mami!", quäkte es aus drei geplatzten Eiern.

„Meine Babys", sagte die Krokodilmama zärtlich und zerdrückte vor Freude eine dicke Krokodilsträne. „Wie viele seid ihr denn eigentlich?" Sie begann zu zählen. „Ein Krokodilbaby, zwei Krokodilbabys, drei Krokodilbabys, vier…"

„Mami! Mami, liebe, liebe, Mami!", quäkte es wieder.

„Noch eines, und noch eines, und noch eines!", rief die Krokodilmama entzückt und begann wieder zu zählen. „Ein Krokodilbaby, zwei Krokodilbabys, drei Krokodilbabys, vier Krokodilbabys, fünf Krokodilbabys, sechs Krokodilbabys, sieben…"

„Mami! Mami, liebe, liebe Mami!", quäkte es dazwischen.

„Wieder eines, und wieder eines, und wieder eines!", rief die Krokodilmama entzückt und begann erneut zu zählen. „Ein Krokodilbaby, zwei Krokodilbabys, drei Krokodilbabys, vier Krokodilbabys, fünf Krokodilbabys, sechs Krokodilbabys, sieben Krokodilbabys, acht Krokodilbabys, neun Krokodilbabys, zehn…"

„Mami! Unsere liebe Mami!", quäkte es auch diesmal wieder.

„So geht das nun wirklich nicht mit dem Zählen", meinte die Krokodilmama. „Ich werde warten, bis alle geschlüpft sind!

Nein, wie hübsch ihr seid! Richtig niedlich!" Sie besah sich eines ihrer Kinder genauer. „Das zarte Schwänzchen, das zierliche Mäulchen, die winzigen Zähnchen, die putzigen Zehen, die hübschen Äuglein! Nein, wie süß!", rief sie begeistert und half den drei letzten aus ihren Eiern.

„Alle meine Babys sind soeben geschlüpft!", verkündete sie lautstark. Die anderen Krokodilmütter kamen herbei und staunten.

„Wie viele sind es denn?", fragten sie neugierig.

„Weiß ich noch nicht", sagte die Krokodilmama. „Ich konnte sie noch nicht zählen! Aber jetzt hab ich zu tun! Wie ihr wisst, bin ich in der nächsten Zeit sehr beschäftigt!"

Die Krokodilmütter hatten Verständnis und verschwanden im Wasser.

„Kinder, alle mal herhören!", rief die Krokodilmama. „Mein Maul ist euer Boot. Steigt ein! Bei mir seid ihr völlig sicher. Heute macht ihr auf der Krokojacht den ersten Ausflug in die Welt!"

„Krokofantös!", riefen die Krokodilbabys begeistert. Jedes wollte das erste sein. „Langsam, langsam, Kinder", sagte die Krokodilmama. „Eines nach dem anderen! So kann ich euch am besten zählen. Das ist wichtig, damit keines von euch verloren geht!"

Die Krokodilbabys stellten sich artig hintereinander an, und die Krokodilmama begann noch einmal ganz von vorne mit dem Zählen: „Ein Krokodilbaby, zwei Krokodilbabys, drei Krokodilbabys, vier Krokodilbabys, fünf Krokodilbabys, sechs Krokodilbabys, sieben Krokodilbabys, acht Krokodilbabys, neun Krokodilbabys, zehn Krokodilbabys, elf…"

Und während der liebe Bär weiterzählt, verbringt Mama Eichhörnchen den Rest des Nachmittags bei ihrer Tante, trinkt Apfeltee und plaudert gemütlich. Tante Eichhörnchen ist nicht mehr die Jüngste. Gegen Abend will sie gerne ihre Ruhe haben. „Ich verstehe nicht, wie du diesem Bären deine Kinder anvertrauen konntest", sagt sie. „Selbst wenn er so gutmütig ist, wie du sagst, kann inzwischen wer weiß was passiert sein."
Mama Eichhörnchen lässt vor Schreck ein Nusskuchenstück fallen. „Meinst du wirklich?", fragt sie entsetzt.
Sie verabschiedet sich hastig und saust davon. Unterwegs macht sie sich bittere Vorwürfe, weil sie so lange fort war. „Bestimmt sind sie vom Baum gefallen", sagt sie zu sich selbst. „Und der Bär ist längst über alle Berge!", vermutet sie. „Meine armen Kinder", jammert sie. „Ein Bär als Babysitter!"
Als sie endlich unter der alten Eiche ankommt, bleibt Mama Eichhörnchen stehen und atmet erleichtert auf. „Diese Rasselbande!", sagt sie leise.
Denn Klimm, Kralle und Schlau liegen wohlig an den Bären gekuschelt im Gras und Klette ruht auf seinem kugelrunden Bauch. Vorsichtig hebt sie ein Eichhörnchenkind nach dem anderen auf und trägt es in ihr Nest. Zuletzt nimmt sie Klette ganz sachte vom Bärenbauch.

„Da bist du ja, Mama", sagt sie froh und hängt sich an ihren Hals. „Der Bär war so lieb! Jetzt weiß ich auch, wie er heißt: Lieber Bär! Er hat uns die ganze Zeit Geschichten erzählt! Willst du sie hören?"

„Morgen, Klette, mein Schatz", sagt Mama Eichhörnchen.

„Gute Nacht, lieber Bär", flüstert sie dem Bären ins Ohr. „Ich denke, du hast dir den Honig redlich verdient." Dann klettert sie mit Klette nach oben und legt sich zu ihren Kleinen ins Nest.

Allmählich ist es Nacht geworden. Der Bär schnarcht leise. Hin und wieder murmelt er etwas vor sich hin: „Achtundzwanzig Krokodilbabys, neunundzwanzig Krokodilbabys, dreißig…" Der Mond schweigt wie immer und lächelt geheimnisvoll.